아무 것도 몰랐던 16살 고등학생의
미국 교환학생 생존 일기

방서연 지음

CONTENTS

4 프롤로그

PART 01 시작

10 타임머신
17 고등학교 자퇴
21 준비

PART 02 뭘 해도 낯선

26 간다!
32 한 달이 벌써 지나갔어?
39 외국인 친구 사귀기
46 학교에서 떡볶이 먹기
49 루틴이 생겼다
62 아침. 점심. 저녁
70 홈커밍
74 학교 신문에 내가?
77 멕시코 여행
96 Thanksgiving Day
100 2023 새해
105 Girls Trip to St. Louis
114 친구들과 드라이브
117 스포츠 시작

122	Sleepovers
129	Prom
134	Mother's Day

PART 03 S.O.S

138	친구와의 화해
143	호스트 갈등과 변경
152	Easter Day
161	도난

PART 04 마치며

168	한국과 미국의 교육제도
172	복잡한 인생
175	감사일기
178	진로결정
182	엄마, 아빠
184	귀국하기전 Movie Night
186	한국으로 돌아간다
190	다시! 한국 생활
194	헝가리 의대 합격
198	책을 쓰면서...
200	**감사의 말**

프롤로그

나는 중학생 때 3주간 호주를 다녀왔다. MBC에서 하는 어학캠프 프로그램이었다. 내 또래 친구들 그룹을 꾸려 호스트 가정당 두 명의 룸메이트가 배정되었다. 하지만, 나는 부득이한 사정으로 룸메이트 없이 혼자 배정되었다. 인생 첫 홀로 타지 생활이었고, 적응이 힘들어서 잠도 잘 안 오고 이른 새벽에 눈이 자꾸 떠졌으며, 코피도 자주 났다.

호주에 가기 전 교육을 받을 때 "호스트 가족들과 함께 거실에서 시간을 보내야 한다"며 "방에 혼자 들어가 있으면 안 된다"고 했다. 또 핸드폰도 사용 금지였고, 공항에서 모두 압수했다. 그래서 최대한 거실에 있으려고 노력했다. 그러다 보니 저녁 시간에 다 함께 보드 게임을 하거나 이야기를 나누는 시간이 생겼다. 신경을 쓰긴 했지만, 아무래도 혼자 방에 있는 것이 편해서 그런지 더 많은 추억을 쌓지 못한 것이 아쉽다. 그래도 호스트 가족은 바다로 데려가 주기도 하고, 장도 같이 보러 가며 많은 대화를 나누었다. 영어가 점점 들리기 시작하고 호스트 가족에게 적응하기 시작했는데 헤어져야 할 시간이 너무 빨리 다가왔다. 3주라는 시간이 정말 빨리 지나갔다.

호주 생활을 떠올리며 준비한 미국 교환학생. 한 번 더 가면 진짜 잘할 수 있을 것 같았다. 새로운 것에는 항상 두려움이 따르지만, 막상 해보면 아무것도 아니거나 조금씩 해 나아가다 보면 점점 성장하는 나를 발견하게 된다. 나는 잘해낼 수 있고, 모든 일이 순탄하고 안정적으로 흘러갈 것이라는 기대감을 품고 교환학생 프로그램에 참여했다.

1년이라는 시간이 어떻게 보면 길고, 또 어떻게 보면 짧다. 내가 생각했던 하이틴스러운 경험만 있었던 것은 아니었다. 호스트 가정에서 겪은 어려움, 친구 관계에서 있었던 일, 한국으로 돌아갈 시간이 다가올수록 깊어지는 진로 고민들까지, 교환학생 생활은 'SURVIVAL' 즉, 생존의 연속이었다. 한국에서는 경험하지 못했던 다사다난한 사건들을 겪고 왔다.

누군가도 해외에 대한 꿈을 품고 떠날 텐데 새로운 길을 떠나는 여러분께 도움이 되고 싶다. 16살 나이에 내가 뼈저리게 경험하고 치이며 배운 것들을 이 책에 담는다.

PART 01

시작

타임머신

[과거를 돌아본다]

고등학교 입시

처음으로 명확한 목표를 가지고 무언가를 준비했던 고등학교 입시 시절이다. 나는 외국어 고등학교를 목표로 공부하고 노력했다. 내가 다니던 중학교는 대부분의 친구들이 근처 일반 학교로 진학하는 경향이 있었다. 그런데 나에게는 장난으로 "너가 외고? 떨어진다~"고 하는 친구들이 있었다. 친구들 앞에서는 "어쩔~"하며 대처했지만, 은근히 기분이 나빴다. 응원은 못 해줄 망정 왜 그런 말을 하지? 하지만, 외고는 나에게 맞는 길이 아니었나 보다. 면접을 보지도 못하고 서류 전형에서 떨어졌다.

이후, 텐투텐 학원에 다니면서 친구들과 함께 고등학교 배정 결과를 기다렸다. 그 결과 선부고로 배정되었다는 걸 봤다. 그러나 선부고가 어디에 있는지도 모르는 나를 보며 친구들이 심각하게 웃었던 기억이 남아있다. 한 치도 예상할 수 없었던 인생의 재미를 느꼈던 고등학교 입시 시절이었다.

성적

 인생에서 흘린 눈물은 대부분 시험 불안감 때문이었다. 시험 기간 동안 나는 본래의 모습과는 달랐다. 평소에는 학교에서 활발하게 활동하고 발표와 대답에도 적극적으로 참여했다. 그러나 시험 기간만 되면 수업 시간에 집중하기가 어려웠다. 선생님들이 중요한 내용을 강조해 주시는 시기임을 알면서도 집중하기 힘들었다. 마음이 뒤죽박죽이 되어 부정적인 생각부터 삶의 의미까지 다양한 생각이 머리를 맴돌았다. 모든 것이 쓸데없고 귀찮아진 듯했다.

 친구들과 대화하는 것조차 스트레스가 되어 쉬는 시간에는 이어폰을 끼고 나를 고립시키곤 했다. 특히, 고등학교에 입학해 두 번째로 보는 시험 기간에는 시험 스트레스가 극심했는데, 그때 나를 이해해주고 격려해준 친구가 있었다. 그 친구가 써준 긴 응원 메시지는 나에게 큰 힘이 되었고, 주변에 좋은 사람들이 있어서 어려운 시간을 나는 이겨낼 수 있었다. 힘들어하는 나를 알아봐 주고 좋은 말을 해준 그 친구에게 고마운 마음이 아직도 남아있다.

수학

 수학을 잘하는 사람들은 문제를 보고 떠오르는 해결 방법으로 정답을 쉽게 찾아내서 수학을 즐긴다고 한다. 그러나 나는 그런 능력이 부족했고, 수학 문제를 푸는 과정에서 계속해서 틀려서 큰 스트레스를 받았다. 문제를 푸는 데에 많은 시간이 걸리고, 흥미를 잃어버려 한 문제를 푼 뒤에는 딴짓에 빠지는 일이 반복된다. 이런 상황에서는 끈기도 부족해지고 빨리 끝내고 싶은 마음에 답지를 보면서 문제 푸는 날이 늘어났다.

 수학이라는 과목은 큰 걸림돌로 느껴졌고, 왜 배워야 하는지 이해할 수가 없었다. 그러나 포기는 안 한다. "수학을 못 하고 싶지 않다"는 의지로 버텼다. 수학 과외 숙제가 어려워서 '콴다'라는 앱을 이용했다. 문제를 푸는 과정에서 하루 종일 수학 문제에 매달려 울면서 머리도 쥐어잡고 '돌대가린가?' 하면서 수학이 죽도록 싫었던 기억이 있다. 수학은 답지를 봐도 이해되지 않는 순간이 수두룩했다.
 머리도 쥐어잡고 눈물도 흘리며 그래도 끝까지 수학 문제를 붙잡고 있었던 결과로 고등학교에서 멘토 멘티 시간에 멘토 역할을 할 수 있었다. 나는 멘토를 할 수 있다는 것 자체가 기뻤다. 친구에게 내가 힘들게 이해한 수학을 알려줄 수 있게 되었다. 뿌듯했다.

* 콴다: 수학 관련 모바일 앱. 문제를 찍으면 문제 풀이 방법을 알려준다.

[현재의 나]

가족

 가족은 나에게 정말로 소중하다. 우리 가족은 서로가 친하고 재미있을 뿐만 아니라 서로를 이해하기 때문에 좋은 관계를 유지하고 있다고 생각한다. 나는 가족들에게 잘해야 한다는 것을 알고 있지만, 때로는 짜증을 내기도 해서 부끄러운 순간이 있다. 그럼에도 불구하고, 우리 가족은 항상 서로를 사랑하고 지지해 주며, 함께 많은 시간을 보낸다.

자신감

 불확실한 미래에 대해 고민하고 있다. 내가 무엇을 잘하고, 좋아하고, 취미로 즐기는지에 대한 확고한 취향을 잘 모르겠다. 항상 "나는 성공할 수 있을까?"라는 질문에 대해 생각하고 고민하게 된다. 이 질문은 정말로 어려운 고민이다. 하지만, 이러한 고민은 성장과 발전을 위한 좋은 출발점이라고 생각한다. 내가 가지고 있는 잠재력을 발휘하고 성공할 수 있다는 자신감을 가질 필요가 있다. 새로운 도전과 경험을 통해 더 나은 미래를 만들어 갈 수 있다. 그러므로, 두려움과 불확실성을 이기고, 나를 믿고 최선을 다해 나아가자!

하고 싶은 것 말하기

친구들과 놀 때 나는 내가 하고 싶은 것보다는 친구가 하고 싶은 것을 따르는 성향이었다. 하지만 최근 나는 자신을 이해하고 내가 원하는 것을 표현하는 것의 중요성에 대해 깨달았다. 지금은 내가 무엇을 원하는지 명확히 알지 못하고, 나 자신에 대해 잘 모른다는 생각이 든다. 하지만, 이제부터라도 나 스스로를 찾아야 한다는 마음가짐을 가지고 있다.

[미래의 나는?]

행복해지는 것이 목표다. 그리고 무엇이든 최선을 다해보는 것이다. 내 미래는 나도 잘 모르겠다. 잘 먹고, 잘 자고 있지 않을까?

고등학교 자퇴

처음에는 나에게 무서운 선택이었다. 학생으로서 학교를 다니는 것이 당연하고, 자퇴를 하면 내 인생에 큰 영향을 미칠 것이라고 생각했다. 하지만 요즘에는 수능 공부를 위해 자퇴하는 친구들이 주변에 보이기 시작했다. 과거에도, 미래에도 자퇴는 상상조차 해보지 않았다. 그러나 미국에 있는 고등학교를 가려면 한국 학교를 자퇴해야 한다고 했다.

2022년 8월 18일

  오늘 나는 자퇴생이 되었다. 자퇴 서류를 제출하기 위해 아빠와 함께 담임 선생님을 만나러 갔다. 방학 중이었고, 담임 선생님은 방학 보충 교실을 진행하고 계셨다. 학부모 상담실에 들어가서 자퇴 사유와 몇몇 서류를 작성했다. 자퇴 처리는 생각보다 쉽게 진행되었다. 담임 선생님께 서류를 제출하고 사물함에서 짐을 비우고 학교를 나왔을 때 기분이 매우 상쾌했다. 미국에 가서 한국으로 돌아오면 재입학할 수 있을까? 한국 고등학교에서 많은 추억을 쌓지 못할 것이라는 사실이 조금 아쉽긴 했다.

  8월 1일은 내 생일이었다. 가장 많은 축하를 받은 생일이었다. 신기했다. 선부고 사람들의 축하에 가슴이 따뜻해졌고, 선부고에 남아 있고 싶다는 생각도 들었다. 학교 친구들, 반 친구들, 언니, 오빠들이 정말 감사했다.

교환학생 선택 계기

 미국 국무부 교환학생 프로그램에 대해 알게 된 것은 외고에서 떨어지고 나서였다. 외고에 가고 싶었던 이유 중 하나는 영어 환경에서 공부하고 싶었기 때문이다. 영어를 좋아했기 때문에 엄마가 교환학생 가볼래? 라고 권유하셨을 때 "미국? 응. 난 당연히 가고 싶지."라고 말했다. 비록 외고를 떨어졌지만 다른 방향으로 길을 선택한 것이다.

 영어는 네이티브처럼 말하지 못했고 어색함이 있었다. 학교에서 수업은 열심히 들었지만 따로 회화 유튜브 같은 것을 찾아보는 것이 취미였다. 막상 갈 시기가 다가오니 걱정이 되었다. 근데 일단 가보자. 달라져서 오는 게 있을 거야.

준비

미국에선 화창한 아침에 일어나서 호스트 가족들에게 인사를 하고 등교를 하겠지?

Good morning!

상상만 해오던 미국 생활, 이제는 내가 직접 경험한다.

D-7

한국을 떠나기까지 일주일이 남았다. 이제 상상보다는 직접 행동에 나서야겠다.

새로운 시작을 위해 준비해야 할까?

다니던 학원 선생님께 감사 인사하기 (진짜 감사했습니다!! 덕분에 고등학교 1학년 1학기 성적 잘 받을 수 있었어요!)

옷신발 (운동화, 슬리퍼 2개)

미국에 가면 호스트&고마운 사람들에게 줄 선물들 (한국 전통 느낌이 나는 기념품 위주로)

담요

보조배터리

수영복 (호스트 부모님께서 11월쯤에 멕시코 아리조나로 여행을 갈 거라고 수영복을 챙겨오라고 하셨다.)

대용량 렌즈

김치 팩 (비비고)

아이패드

필기도구

서류 준비 (비자)

　설레고 행복한 마음으로 새로운 삶을 준비하는 이 시간이 너무 행복하다. 아는 사람이 하나도 없는 지구 반대편 미국으로 떠난다는 생각에 잘 준비해야겠다는 다짐을 한다. 그렇지만 너무 걱정할 필요는 없다. 어떻게든 될 것이고, 잘 적응할 수 있을 거야!

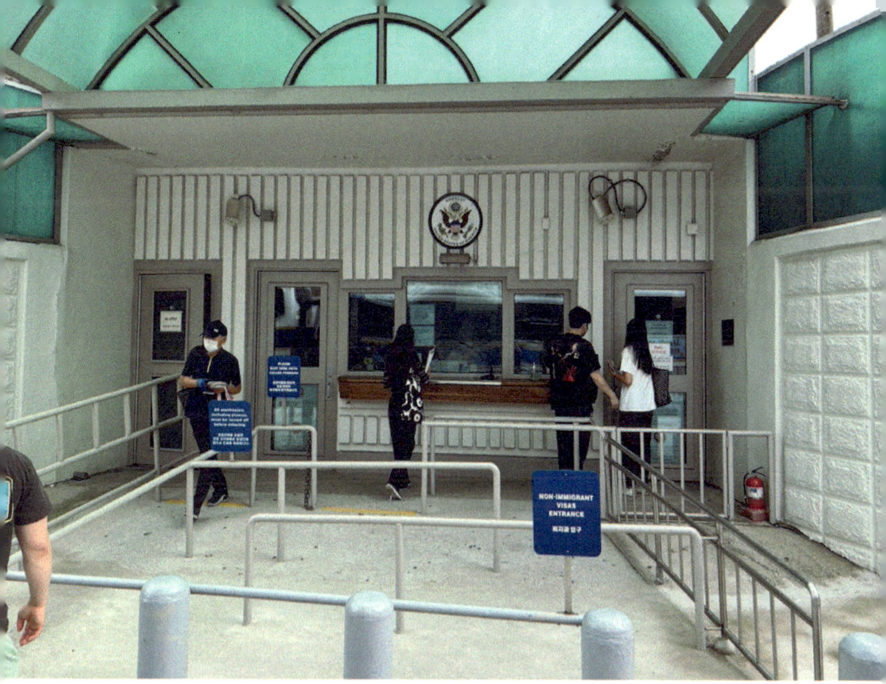
NON-IMMIGRANT
VISAS
ENTRANCE

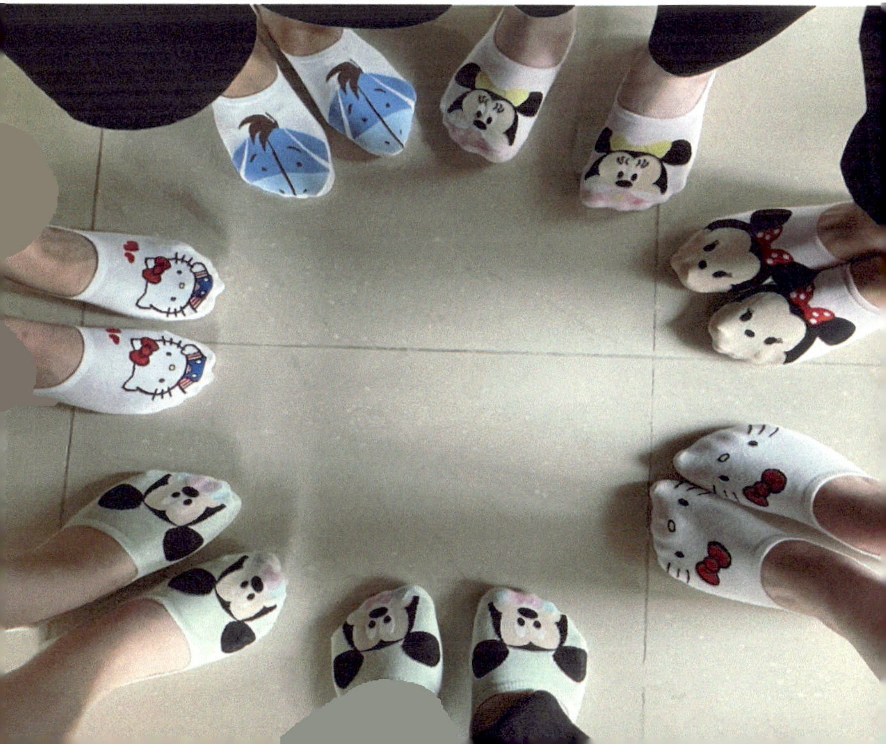

PART 02

뭘 해도 낯선

간다!

다음 날 출국이다. 이제야 실감이 나기 시작했다. 걱정 반 설렘 반.
잘해낼 수 있을까?

가족과의 마지막 식사

비행기가 밤 7시라서, 공항에는 3시간 전까지 도착해야 했다. 그래서 1시에 짐을 차에 싣고 아빠와 함께 회사 근처에 위치한 "돼지집"이라는 김치두루치기 집에서 밥을 먹었다. 가족들과 자주 가던 맛집이어서 배를 든든하게 채울 수 있었다. 공항을 향해 가는 동안 나는 계속해서 잠이 왔다. 너무 떨렸지만 꿀잠을 자서 오히려 다행이었다.

공항에서의 이별과 출국

공항에 도착했을 때는 새삼 즐거웠다. 체크인을 하고 티켓을 받아 탑승 시간을 확인했다. 그리고 짐을 수화물로 보낼 준비를 했다. 아빠와 함께 줄에 서려고 했지만 코로나 때문인지, 나이를 확인하더니 혼자 들어가라고 했다. 원래 부모님이랑 항상 같이 들어가서 어깨너머로 봐온 것이 다인데 이제 혼자 해야 해서 심장이 두근거렸다. 조금 어색했지만 승무원들이 친절하게 대해주셨다.

새로운 경험을 시작하면서 설레고 신이 났다. 이제 가족들과의 이별이 다가오고 있었다. 엄마는 빨리 들어가라고 했다. 가족들과 한 번씩 포옹한 후 출국 심사하는 곳으로 들어갔다. 지금 생각하면, 사진 여러 장 찍어두었으면 좋았을 텐데 그때는 이상하게 쑥스러웠다.

혼자서 출국 심사를 하는데, "이제 시작이다! 미쳤다. 비행기 혼자 타네?!" 이런 생각들이 들었다. 이런 경험을 할 수 있게 해준 아빠와 엄마에게 감사하며 앞으로의 시간을 허투루 보내지 않겠다고 다짐했다.

경유지 도착과 환승

시애틀 공항에 도착했다. 환승을 해야 했다. 이 시간은 한국에서도 가장 걱정이 되었고, 어려울 것 같던 일이었다. 환승을 해본 적이 없을뿐더러 영어를 혼자서 사용해야 하는 것도 처음이었다. 수화물 짐을 먼저 받은 후, 입국 심사를 하고 다시 짐들을 올바른 다음 비행기 레일에 옮겨 놓는 것이 임무였다.

입국 심사를 편하게 하기 위해 3개의 캐리어들을 처리할 수 있는 카트를 찾아다녔다. 사람들이 꽤 많아서 카트를 구하는 데 긴 줄을 기다려야 했다. 마침내, 카트를 구해서 입국 심사 줄을 섰고 핸드폰을 꺼내서 엄마에게 카톡을 보냈다. 입국 심사는 전에 해봤던 비자 면접과 매우 유사했다. 버벅거리긴 했지만 어렵지 않게 통과할 수 있었다.

이제, 환승 벨트에 수화물을 옮길 차례였다. 일단 겁이 났고 어려울 것 같았다. 몰라도 일단 Go. 먼저, transfer란 단어를 찾기 시작했다. 바로 보여서 너무 기뻤다. 이미 성공한 기분이었다. 표지판을 따라서 갔는데, 내 비행기의 레일이 어디에 있는지 모르겠다. 그래서 초록색 형광 조끼를 입은 직원 같은 분한테 "Excuse me? (실례합니다)" 하고, 티켓을 보여주면서 "Is this plane right? (이 비행기 맞나요?)" 이러면서 찾을 수 있었다. 여기서 깨달은 점은 모르면 물어보는 게 제일 쉽고 정확하다는 것이다.

어려운 관문은 다 해결했고 게이트 확인 후 탑승 시간까지 기다렸다. 긴장이 풀리면서 갑자기 배가 고파졌다. 하지만 이상하게도 비행기를 놓칠 것 같은 불안감이 몰려와서 계속 게이트 앞에서 앉아있었다. '아 배고파...' 그렇게 쫄쫄 굶다가 게이트가 열리고 비행기에 탔다. 비행기에서 나온 기내식이 이렇게 맛있을 줄은 몰랐다.

비행기에서 만난 친구

  내 좌석 오른쪽에는 인도 분이 계셨고, 왼쪽은 미국 분이 있었다. 그러다가 오른쪽 분과 눈이 마주쳐서 인사를 나누게 되었고 이야기를 시작했다. 그 분도 나처럼 처음 해외로 혼자 나가는 거라고 하셨다. 내가 들어왔던 영어와 그 분이 사용하는 영어가 달라서 말을 이해하는 데 조금의 어려움이 있었다. 하지만, 몸짓을 사용하면서 열심히 질문하고 답하니까 친해질 수 있었다. 세인트 루이스 공항에 도착해서 헤어질 때 인스타 아이디를 교환했고, 그 분이 "Good Luck!"이라고 해주셨다. 나도 감사하다고 인사하고 헤어졌다. 호스트 부모님을 만나기도 전에 좋은 분을 만나 이야기를 할 수 있어서 느낌이 좋았다.

호스트 가족과의 만남

비행기에서 내려 짐을 찾으러 가는 길에 호스트 부모님을 만났다. 새벽 비행이었기 때문에 정신이 말이 아니었는데, 호스트 부모님께서 "Isn't her? (쟤 아니야?)" 하시는 것을 우연히 듣고 만날 수 있었다. 집까지 2시간이 걸렸고, 자지 않으려고 애썼지만 너무 피곤해서 눈꺼풀이 저절로 내려왔다.

새로운 생활의 시작

집에 도착했다! 대박! 내 앉은 키보다 큰 강아지가 있었다. 집에 들어가자마자 집의 분위기가 느껴지면서 내가 이 집에서 생활할 일들이 그려지면서 잠이 다 깼다. 호스트 부모님께서는 바로 주무시러 가셨고, 나는 잠이 다 깨서 방에서 짐 정리를 했다. 그리고, 샤워를 하고 설렘 가득한 마음으로 잠에 들었다.

한 달이 벌써 지나갔어 ?

한 달이 벌써 지나갔어? 벌써 한 달이 지났다니 믿어지지 않았다. 이렇게 가다가는 1년 금방 가고 나는 다시 한국에 돌아가 있겠지?

미국에 있는 동안 무언가를 이뤄야 한다는 강박 같은 게 있었다. 친구도 많이 사귀고, 영어도 원어민처럼 하고 싶었다. 수업도 잘 따라가고, 한국 돌아가서 많은 것을 이뤄낸 것을 보여줘야 한다고 생각했다. 계속 뭔가를 하려고 해서 그런지 시간이 금방 간 것도 있는 것 같다. 하지만, 너무 조급했던 듯싶다. 한 달밖에 안 됐는데, 모든 것이 성에 차지 않았다. 내가 말하는 영어 수준과 내 맘대로 안 나오는 단어들은 상상 이상으로 답답했다. 감사하게도, 좋은 친구들이 다가와 이런 마음을 말하고 도움을 많이 받았다.

영어에 대한 어려움 1

식당 가서 주문하는 것이 제일 어려웠다. 제일 먼저 친해지고 시간을 많이 보낸 Kenzie한테 이런 점이 어렵다고 이야기했다. 그랬더니 Kenzie는 주문하기 전에 내가 쓸 수 있는 문장을 연습하고 들어갈 수 있게 도와줬다. "I would like to get…" 이런 간단한 문장이었지만, 직원 앞에 서면 떨렸다. 이 문장 다음에 오는 질문들은 이해하기 어려웠고, 대답하지 못했다. 간단히 내 이름을 물어보는 것이었는데도 긴장한 탓인지 이해하지 못했다. 옆에 Kenzie가 있는 것이 많이 도움이 되었다. 너무 고마웠다.

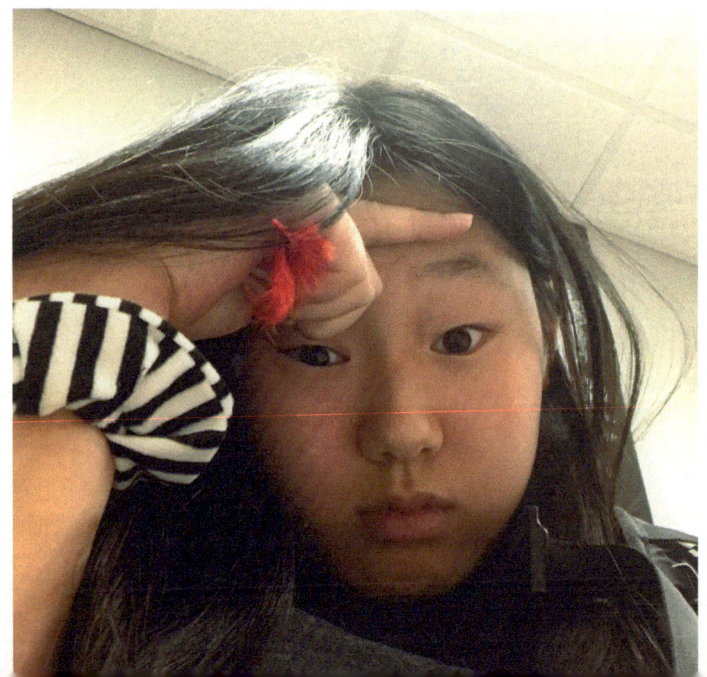

핸드폰 카메라 고장

  새로운 환경과 경험, 친구들과 함께하는 모든 순간을 사진으로 남겨두고 싶었다. 하지만, 카메라가 고장 나서 답답했다. 그래서 친구들 핸드폰을 빌려서 사진을 찍고 사진을 받는 식으로 해결했다. 내 폰이 아니다 보니까 사진을 마음대로 원할 때 찍을 수 없어서 사진이나 영상이 별로 없다. 너무 아쉽고 담고 싶은 일상이 많아서 빨리 핸드폰을 사고 싶었다. 친구한테 ride를 부탁해서 Walmart에 갔다. 하지만 마트에는 재고가 없어서 핸드폰은 구하지 못했다. 얼른 핸드폰을 사야 한다.

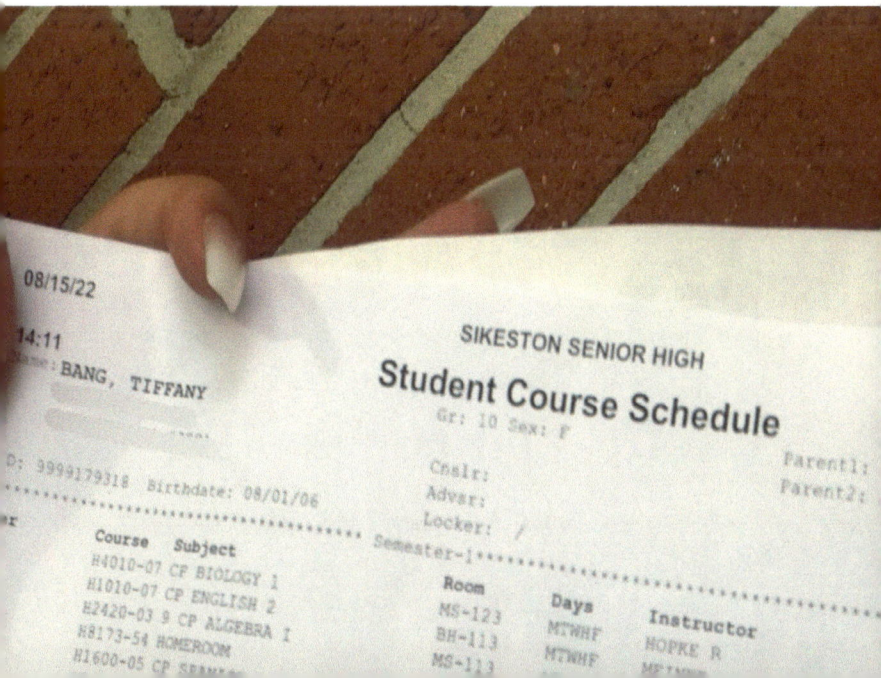

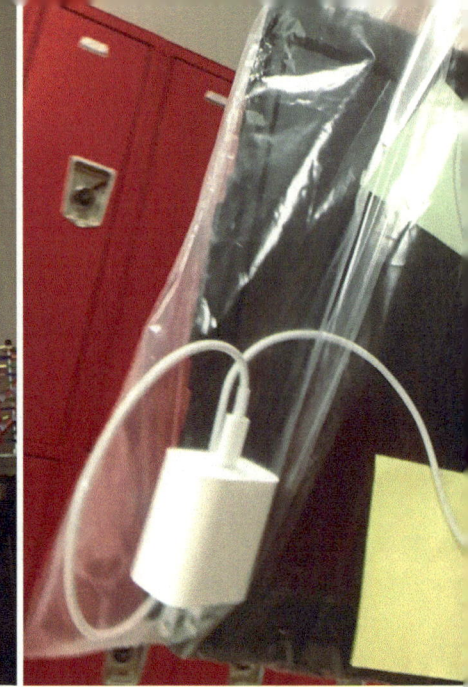

영어에 대한 어려움 2

처음엔 혼자 있는 게 좋았지만, 시간이 지날수록 '혼자여서 힘들다'는 생각을 많이 했다. 친구들 사이에서도, 호스트 가족들 사이에서도 나는 혼자였다. 친구들이 있었지만 오랜 시간 함께해 온 동네 친구들과는 달리 나는 겨우 한 달 본 '새로운 친구'일 뿐이었다. 어색함 없이 친해지는 것은 나도 어려웠고 그 친구들도 어려웠을 것이다. 무엇보다 영어가 안 돼서 친구들이 즐겁게 수다 떨 때 나는 옆에서 보고 웃기만 하는 것이 기분이 묘했다. 이때 한 생각은 '간간이 말 걸어줘서 고맙고 옆에서 보는 것만으로도 나중에 도움이 될 거야.'였다. 나중에는 대화에 끼는 것보다는 친구들이 쓰는 언어, 뉘앙스를 파악하는 데 집중했다. 그래서, 나중에는 친구들이랑 대화할 때 본 것을 따라 해보기도 했다.

또 하나 알게 된 점이 있다. 친구들은 내 미숙한 영어를 재미있어하기도 한다는 것이다. 테니스 클럽에서 게임을 마치고 친구들끼리 뒤풀이를 가곤 했다. 친한 친구들 6명이 멕시코 식당에 갔다. 부족한 영어이지만 좀 더 편한 친구들이랑 있기에 그냥 내 방식대로 영어를 말할 수 있었다. 틀려도 그게 개그가 되었다. 이상하리만큼 친구들이 재미있어했다. 이 이후로 자신감이 조금 생겼다. 틀려도 괜찮구나. 여러 경험을 통해 많이 부족하다는 생각을 했고 영어공부에 대한 동기부여가 됐다.

귀가 뚫리고 말이 트이고 싶어서 공부를 시작했다. 모두 한국어로 보던 유튜브를 영어로 바꾸었다. 영어 콘텐츠들 위주로 보기 시작했다. 영어로 된 영화에 영어 자막을 틀어 놓고 봤다. 그리고 재미있던 영화는 스크립트를 찾아서 단어랑 슬랭들을 정리했다. 그리고 학교에 가서 생각나는 것들을 친구들한테 실제로 쓰이는지 물어보면서 확실히 기억나도록 했다. 이런 질문들을 귀찮아할 줄 알았는데 열심히 대답해줬고 이해가 안 된다고 하면 사전을 찾아가며 천천히 설명을 해주었다.

 원어민처럼 말하고 싶어서 계속 친구한테 질문하고 배운 결과, 지금은 꽤 많은 언어 문화에 대해 알게 되었다. 또 그것들을 사용하고 시도한다. 미국에 오기 전에 너무 많은 여유를 부리고 영어공부를 안 하고 쉬었던 것이 후회된다. 영어 회화 공부를 조금 더 하고 왔으면 힘든 게 덜하지 않았을까 하는 생각이 든다.

외국인 친구 사귀기

같은 반 친구 개념은 없다.

 미국은 고등학교를 캠퍼스라고 부른다. 한국의 대학교 수업 방식과 같아서, 교사가 교실에 오는 것이 아니라, 학생이 자신이 선택한 수업에 스스로 교실을 찾아 가는 방식이다. 한국의 '같은 반 친구'의 개념이 없다. 교실을 옮길 때마다 친구들이 계속 바뀐다.

 미국 가기 전 이런 방식에 대해 익히 알고 있었지만, 낯가리는 성격이 있는 나는 수업마다 교실에 친구들이 계속 바뀌어 매번 새로운 친구들에게 다가가야 하는 것이 어렵고 어색했고 힘들었다. 더구나 친구를 만났더라도 수업이 끝나면 바로 다른 수업에 가야 했기 때문에 친구들과 시간을 보내는 양이 적을 수밖에 없었다. 그래서 친구들과 친해질 수 있는 시간은 오직 수업시간뿐이었다.

 미국에 온 지 얼마 안 되었을 때에는 수업 자체에 적응하기 위해 다른 것에 신경 쓸 여유가 없어서 새로운 친구를 만나는 것이 어려웠지만, 스포츠를 시작하면서부터 진짜 친구들을 사귀게 되었다.

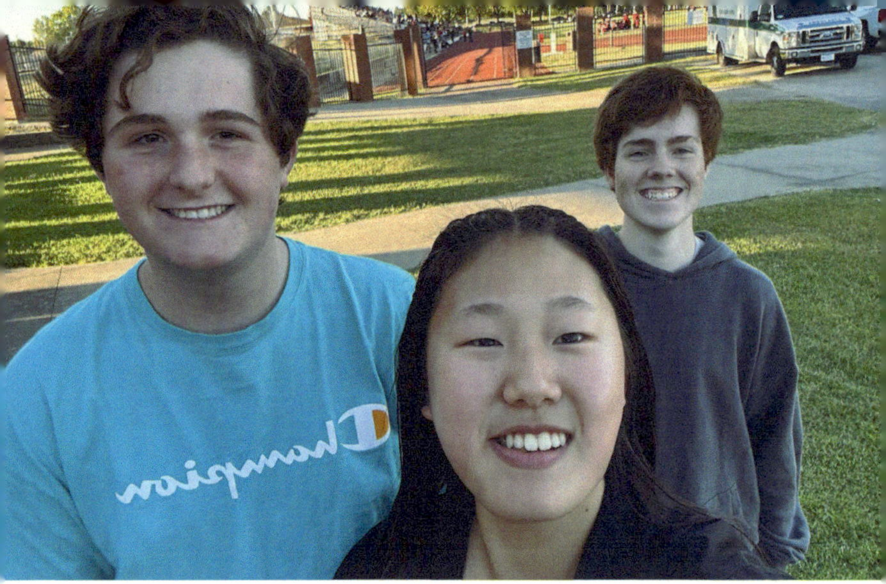

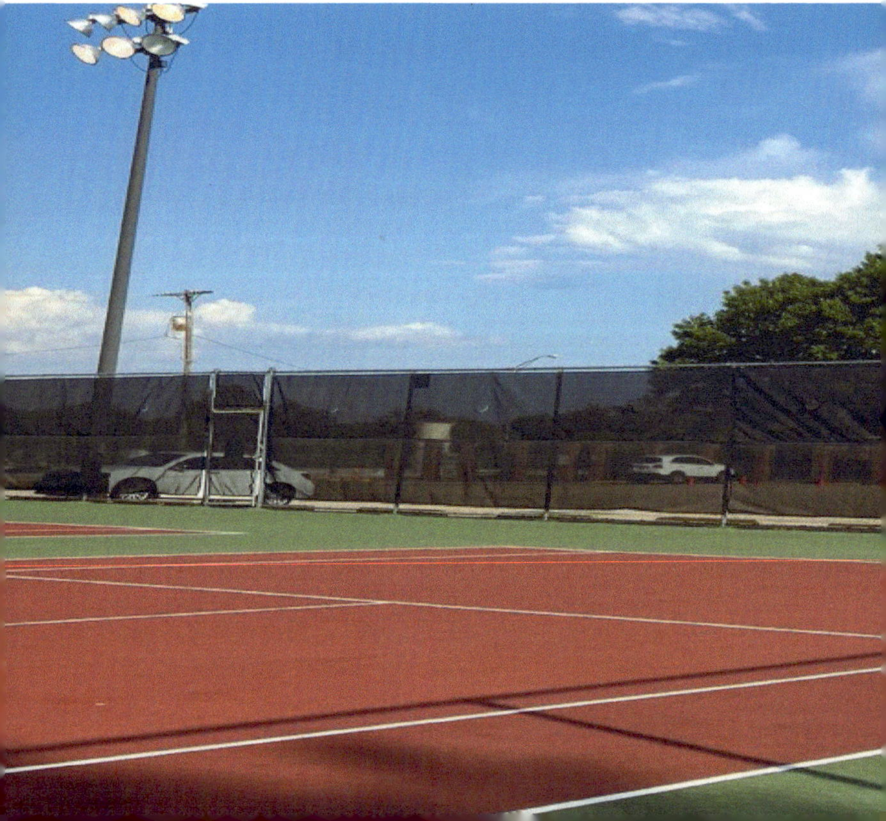

친구는 스포츠를 통해 생긴다.

 테니스 스포츠 클럽에 들어갔다. 어떻게 하는 건지도 배워본 적도 없어서 걱정되었다. 하지만 호스트 엄마도 고등학교 시절에 테니스를 선택했었고 조금 가르쳐 주신다고 해서 나는 바로 테니스를 시작하게 된 것이다. 클럽 친구들이랑 연습 중에 더블 게임 연습(팀 대 팀 경기)도 많이 했고 이런 저런 수다도 많이 떨면서 엄청 친해지기 시작했다. 아마도 내 영어의 말문은 여기에서 팍팍 터졌던 것 같다.

처음이라 그런지 라켓을 잡은 손에 힘 조절이 안 돼서 테니스 코트 울타리 밖으로 공을 넘겨버리기 일쑤였다. "내가 힘이 이렇게 셌던가? ㅋㅋㅋ 홈런! 홈런!" 파트너에게 어찌나 미안했던지, "Lynda, so sorry! Oopsie, so sorry! (린다, 정말 미안해, 어이쿠, 정말 미안해)"만을 반복했다. 잦은 홈런과 그때마다 미안해하는 내 표정이 웃겼던지 친구는 계속 웃어댔다. 그렇게 클럽에서 함께했던 친구들이랑 급속도로 친해져서 전화번호도 교환하고 단톡방도 만들게 되었다.

팀전 연습을 끝낸 후에는 코치님과 단체 연습을 했다. 코치님께서 서브해 주는 공을 10번씩 돌아가면서 받아 치는 연습이었다. 자기 순번이 돌아올 때까지 모두 줄을 서서 대기했다. 그러면서 친구들은 나에 대해 궁금했던지 상당히 많은 질문을 했다. 그도 그럴 것이 미국 대도시가 아닌 콩밭이 끝도 없이 펼쳐지는 시골에 자기네들과 생김새가 다른 한 학생이 오니까 그렇지 않았을까 싶었다. 최선을 다해 내가 아는 영어를 총동원하여 친구들과 많은 대화를 했고, 그들은 대답을 열심히 해준 나를 너무 좋아해 주었다. 그렇게 나는 테니스 클럽이 점점 더 좋아지기 시작했다.

드디어 진짜 친구 생김!!

 테니스 클럽에서 친한 친구를 사귀게 되었다. 이름이 Kenzie였고 나보다 한 살 언니였다. 미국은 한국처럼 나이에 민감하지 않아서 친구 되기가 쉬웠다. 언니라는 개념이 없고 이름을 부르기 때문에 친구같이 편했다. 학교 끝나면 Kenzie가 자기 차를 운전해서 데리러 왔고, 우리는 매일 같이 테니스를 치고 집으로 갔다. 연습이 없는 날에도 서로 연락해서 시간이 되면 같이 테니스를 쳤다. 영화도 보고 밥도 같이 먹으면서 많이 놀러 다녔고 우리는 그렇게 많이 친해졌다.

미국 절친한테 좋은 성격을 배워보자.

 절친 Kenzie와 항상 같이 다니다 보면 Kenzie는 모르는 사람과 편안하게 대화하고 또 쉽게 친구가 되었다. 내가 가지지 못한 이런 좋은 성격을 배우고 싶었다. "넌 어떻게... 그렇게... 모르는 사람들과도 대화를 편하게 시작할 수 있어?" 나는 학교 끝나고 복도에서 Kenzie에게 물었다. "Um...when we had eye contact, we just smile each other... and... we do a lot of small talking." (우리는 눈을 마주치면 그냥 서로 웃고... 스몰토크를 많이 해.) Kenzie는 이런 것이 미국의 일상이라고 했다. "If you say 'hey' to people going across from you, they all gonna say back for sure." (지금 지나가는 사람들한테 '헤이'라고 하더라도 확실히 대부분은 인사를 받아 줄 거야.) 나는 Kenzie 말대로 학교에서 모르는 친구들한테 실험해 보기로 했다. 좀 떨리긴 했지만 용기를 내어 학교 복도에서 지나가는 친구한테 몇 차례 그냥 인사를 해봤다. 그런데 신기하게도 거의 대부분 인사를 받아줬다. 물론 몇 명은 어색해했다. 그러나 거의 모두 반갑게 웃어주고 똑같이 헤이로 인사해 왔다. 나는 기분이 너무 좋았다. 그 후로 더 용기를 내어 인사를 하고 다니다가 보니, '모르는 친구들한테 그냥 말을 걸어도 괜찮지!'라는 생각을 자연스럽게 갖게 되었다.

내향적인 친구와 친해지며 더 절친이 된다.

어느 날, 아이패드로 하는 체육 시간 이론 수업에 모르는 것이 생겨서 같은 수업을 듣는 친구들한테 물어보려고 먼저 일부러라도 말을 걸었다. 대충은 알고 있는 내용이지만, 확실히 하고 싶었다. 그런데 내가 말을 걸었던 그 친구는 매우 내향적인 사람이었고 대화 내내 서로 어색할 수밖에 없었다. 하지만 내가 먼저 말을 건 것이 계기가 되어 우리는 매일매일 조금씩 가까워질 수 있었다. 사실 제2의 절친이 생겼다고나 할까? 그 친구 이름은 Synai였다. 매일 나는 Synai와 학교에서 장난치면서 놀고 일상을 공유하며 절친이 됐다. 나중에는 학교가 끝나고 나서나 주말에 Synai 집에 놀러가서 재밌게 놀았다. 지금도 우리는 내가 처음

말을 걸었던 어색했던 그때를 회상하면서 웃고 장난치기도 한다. 아직까지도 한국에 와서 정말로 편하게 연락하고 있는 베프이다.

내가 몰랐던 미국, 마음이 넓어지며...

미국의 모든 곳이 그런지는 잘 모르겠지만 외국에서 온 교환학생들을 신기하게 바라보고 친구가 되어 알아가고 싶어 하는 경향이 있다. 열린 마음으로 무서워하지 않고 먼저 다가가면 싫어하는 사람은 없었다. 거의 모두 반가워서 더 적극적으로 오히려 다가올 수도 있다. 또 먼저 다가가지 않아도 친구가 되어 알아가고 싶어서 말을 걸어오는 친구들도 있다. 먼저 다가오든 내가 다가가든 일단 활짝 웃어 보라고 말해주고 싶다. 화장도 못 했고 예쁘지도 않았지만, 나는 정말로 잘 웃고 울고 뛰고 말하고 다녔다. 그런 것이 나였는데, 나중에 이런 말을 듣게 되었다. 너는 항상 웃는 것이 좋았고, 또 웃는 것 자체가 예쁘게 보여서 좋았다고 말이다. 하지만 항상 미친 사람처럼 웃고 다니라는 것은 아니다! 얼굴에 미소 가득! 그런 자연스러운 것을 말한다. 그리고 너무 심오하게 복잡하게 고민하지 말고 이왕 왔으니 즐겨 보는 것이 좋다는 것이다.

학교에서 떡볶이 먹기

한국 음식은 특별한 맛과 매력을 지니고 있다. 친구들은 한국 음식에 대해 많이 알고 싶어했다. 그래서 김치에 대해 설명을 해주었는데, 맛보지 않는 이상 알기 어려울 것 같다는 생각이 들었다. 친구들이 김치를 맛보면 새로울 것 같아서 아마존으로 시킨 비비고 김치 캔을 학교로 가지고 갔다. 입맛에 맞는 친구도 있었고, 맞지 않는 친구도 있었다.

　Teddy는 한국어를 할 수 있고 한국에 대한 큰 관심을 가지고 있는 친구다. 한국 음식을 시도하고 싶다는 말을 듣고, 우리는 학교에서 인스턴트 불닭 떡볶이를 시도하기로 했다. 그러나 이를 위해서는 뜨거운 물과 전자레인지를 구해야 했다. 이것들을 편의점도 아닌 학교에서 확보하는 데에는 어려움이 있었다.

　Teddy가 아이디어를 냈다. 뜨거운 물은 Teddy와 친한 선생님 교실의 개인 커피 포트를 사용할 수 있었다. 전자레인지는 교무실의 탕비실 같은 곳에서 빌려 사용할 수 있었다. 선생님들은 이런 부탁을 하는 우리를 흥미롭게 바라보시며, 흔쾌히 도움을 주셨다. 선생님들 또한 한국 음식에 대한 호기심을 가지고 있었다.

　마침내 우리는 불닭떡볶이를 맛보았다. 나는 그리웠던 한국 음식의 맛을 느낄 수 있었다. 그러나 Teddy는 매워서 잘 못 먹는 듯했다. 그러나 단지 매운 것이 아니라, 그 특유의 매력적인 맛이 있어 아예 못 먹지는 않았다. Teddy가 싫어하지 않아 다행이었다.학교 점심시간에 한국 음식을 시도하는 것은 즐거웠다. 매일 비슷한 종류의 학교 점심 메뉴들보다 훨씬 나았던 점심시간이었다.

루틴이 생겼다

모두에게나 루틴은 있다. 나에게 루틴은 삶을 살아갈 수 있게 해주는 원동력이 된다. 미국을 적응해 나가면서 나에게도 이제 루틴이 생겼다.

[School day]
학교 갈 준비 (6:10am 기상 ⇒ 머리 빗기 ⇒ 옷 갈아입기 ⇒ 양치 & 세수 ⇒ 선크림 바르기)
간단한 아침 (블루베리 & 요거트 & 꿀) 늦게 일어나면 패스

7:15am 집에서 출발 ⇒ 호스트 부모님이 Kenzie가 항상 주차해 놓는 학교 주차장까지 데려다 주신다.

7:35am까지 Kenzie 차에서 수다를 떨다 슬슬 교실로 들어간다. bellringer를 풀고 수업 시작하기 전까지 친구랑 이야기를 나눈다.
(Bellringer란? 수업 시작 전에 전 수업 내용에 대한 간단한 퀴즈를 푸는 것)

1교시 수학: 한국에서 이미 배워놨던 내용이었다. 처음에 대수학 1 (Algebra I)에 넣어주셔서 이미 배운 내용이라고 선생님께 말씀드렸다. 그러자, 테스트를 보게 하셨고, 반을 옮겨도 되겠다고 하셔서 기하학 (Geometry) 수업으로 반을 옮겼다.

2교시 영어: 선생님께서 되게 엄격하신 분이셨고 영어도 어렵게 느껴

져 겨우 A를 받았다. 수업 시간에 바로 이해하기 어려워 집에 가서 복습할 부분을 적어가며 수업에 집중했다. 그리고, 복습을 하다가 모르는 부분이 있으면, 다음 날 학교에 일찍 가서 선생님한테 질문을 했다. 학교가 끝난 후 질문하는 것이 호스트 부모님께도 나에게도 더 편했지만, 영어 선생님은 아침 시간에만 도와줄 수 있다고 하셨다. 어쩔 수 없이 아침 시간에 맞춰서 가야 했다. 이렇게 하다 보니, 나중에는 수업 내용과 방식에 적응을 하였다. 또, 영어 실력이 많이 향상되었다. 왜냐하면,

수업 시간에 대답할 수 있는 날이 많아졌기 때문이다.

3교시 과학 (화학): 이 수업은 Kenzie도 듣는 수업이다. Kenzie가 있어서 다행이고 수업 시간이 재미있었다. 미국 와서 제일 친해진 친구가 있어서 좋았다. 수업 시간에 수다를 떨고 딴짓을 하기도 했다. 하지만, 선생님도 수업 시간에 여담을 많이 하셔서 수업 분위기가 다 같이 장난치는 분위기다. 수업 내용은 화학식을 계산하는 내용이 많아서 문제 푸는 방법을 이해하고 방식을 외우면 되니까 할 만했다.

5교시 스페인어: 가벼운 교양 느낌의 수업이다. 자유 시간도 많이 주고, 액티비티 활동을 많이 한다. Meals day라고 음식을 가져와서 나눠 먹는 시간도 있다. 한국 음식을 가져가면 좋을 것 같아서 김치랑 김, 햇반을 친구들과 나눠 먹었다. 김이 인기가 많았다.

*5교시인 이유: 학생이 많기 때문에 4개의 lunch shift가 있다. 그중 나는 제일 마지막 shift 4였다. 그래서, 먼저 5교시 수업을 듣고 점심시간을 가진다.

4교시 점심시간: cafeteria에 가서 음식을 받기 위해 줄을 선다. 엄청 붐벼서 뛰어가는 것과 빠른 걸음의 중간 정도로 간다. 피자를 먹는 것이 최선의 선택이다. 음식을 받고 나가는 곳에 점심 핀번호를 누르는 곳이 있다. 입력한 후, 항상 같이 점심을 먹는 친구들이 있는 테이블로 간다. 인사하고 이야기하면서 친구들과 점심시간을 보낸다. 그리고 피자로는 배가 안 채워지기 때문에 자판기에서 간식을 사곤 한다. 그리고 밖으로 나가서 장난을 치고 과자도 나눠 먹으면서 종이 치기를 기다린다.

6교시 역사: 모둠 활동이 많은 수업이다. 수다 떨고 웃느라 수업 시간에 프로젝트를 다 못 끝내는 경우가 많다. 괜찮다. 집에 가서 끝내고 제출하면 된다. 한국에서 가져온 필통을 친구들이 좋아했다. 보부상 필통에 각종 학용품을 넣어서 가져갔는데, 구경을 하면서 빌려가곤 했다.

7교시 체육: 테니스, 배드민턴, 술래잡기 등등의 액티비티를 한다. 농구를 할 때도 있다. 게임을 하고 몸을 움직이는 시간이어서 여유롭게 보낼 수 있다.

8교시 미술: 힐링이다. 그림 그리는 것을 좋아해서 미술 교실로 가는 길이 신난다. 작품 하나 끝내는 건 오래 걸리지만 과정이 재미있고 결과물을 보면 뿌듯하다. 그리고, 마지막 수업이어서 더 들뜨게 되고 신나게 되는 시간이다.

(학교 끄-읕)
수업 마지막 종이 치면 바로 스쿨버스를 타러 간다. 버스에 타서 자리에 앉아있으면 차례차례 친구들이 올라탄다. 같은 방향을 가는 친구,

Jaelah가 타면 가는 길 내내 이야기를 나누고 장난을 친다. 미국의 스쿨버스에 대한 로망이 있었는데, 막상 타보니 멀미도 나고 혼잡하다. 가끔 버스에서 친구들끼리 싸우는 것을 보기도 했다. 그리고, Jaelah랑 이야기하다가 정거장을 놓친 적도 있다. 그래서, 집까지 걸어갔다.

집에 도착하면 편한 옷으로 갈아입는다. 그리고, 간단한 간식을 먹는다. 이때 항상 과식을 하는 것 같아서 조절을 해야 한다고 생각하지만, 학교를 갔다 오면 너무 허기져 결국엔 많이 먹게 된다.

ㄱ 교시 체육

미술 시간

하교

수말

조금 쉰 후에는 식탁에서 학교 숙제를 한다. 숙제를 하면서 친구들과 영상 통화를 할 때도 있다. 이렇게 시간을 보내다 보면 호스트 부모님께서 일을 끝내고 집에 오신다. 부모님께서 해주신 저녁을 먹고 다시 숙제를 하거나 가족들과 쇼파에서 영화를 본다. 내일 학교를 위해, 자야 할 시간이 다가오면 씻고 잠에 든다.

느낀점

일주일의 루틴에서 부족한 점은 운동을 하지 않는 것이다. 심지어, 학교 갔다 와서 많이 먹는다. 학교에서 테니스 클럽을 하고 있어 아예 운동을 안 하는 것은 아니어서 다행이다. 미국에 오니, 혼자만의 시간이 많아졌다. 한국에서는 학교 갔다가 학원을 갔다 오면 일상이 끝났었다. 그래서, 이번에 혼자 있는 시간이 소중했다. 나에 대해 알아가는 데에 이 시간을 사용하고 싶다. 평소에 하지 않던 생각이라 어려웠다. 그래서, 나도 모르게 핸드폰을 하면서 시간을 허비하고 있었다. 내가 선택한 방법은 핸드폰을 하더라도 5분 정도는 영어 공부 관련 영상이나 자기 개발 영상을 보는 것이다. 아직 좋아하는 것, 취미가 무엇인지 물어보면 답하기 어렵다. 하지만 경험을 하고 시간을 가지며 나에 대한 기준을 가질 것이다.

Weekend

  토요일에는 cape (시내)로 Kenzie 가족과 함께 놀러 갔다. 할로윈이 다가오고 있어서 할로윈 매장에 갔다. 열심히 돌아보며 어떻게 꾸밀까 고민하면서 코스튬을 구경했다. 같이 매치할 수 있는 코스튬을 샀다. (둘 다 입어보고 마음에 안 들어서 결국엔 다른 걸 입었지만...) 그리고 Kenzie 최애 장소인 버블티 카페에 갔다. 한국 느낌의 카페였다. 버블티 맛도 너무 좋았고, 있는 메뉴를 다 시도해보고 싶어졌다. 이날은 이 카페가 내 최애도 되었다.

  이날은 Kenzie의 생일이기도 했다. 그래서, buffalo Wild Wings라는 식당에서 가족들과 점심을 먹었다. 식당에 도착하니 Kenzie 가족분들이 이미 계셨다. 그리고, Kenzie 집에 모두가 모여 생일 선물을 오픈했다. 나는 Kenzie가 친구들이랑 생일파티를 했을 때 선물이랑 편지를 이미 줬었다. 번역기를 여러 번 돌려 고마운 마음이 전해질 수 있도록 쓴 편지였다. Kenzie는 선물 받은 신발을 신고 거울 사진을 메시지로 보여줬다. 요상하게 웃긴 포즈로 사진을 찍어서 웃겼다. 선물이 마음에 들었던 모양이다.

  일요일에는 무조건 교회를 간다. 호스트 가족들은 교회를 다니지 않지만, 나는 걸어서 갈 수 있는 근처 교회를 찾아 꾸준히 다니고 있다.

영어로 예배를 드리는 건 낯설고 이해가 안 될 때가 있다. 예상했듯, 예배 시간에 몰려오는 잠을 이기기 어렵다. 안 졸기 위해서 영어 듣기 평가라고 생각하고 집중해서 듣는다. 다 같이 찬양을 부를 때면 북받쳐 오는 감정이 너무 좋다. 교회를 찾을 수 있던 것이 감사하다. 교회를 다녀서 일주일을 보낼 힘을 얻을 수 있다. 마지막 주 주일에는 교회 예배를 마치고 교회 사람들과 점심을 먹으러 간다. 하지만, 이날 호스트 가족들과 약속이 있었다. 그래서 예배를 마치고 바로 집으로 갔다.

처음에는 어려워 미쿡 수업

그 약속은 Pumpkin Patch라는 농장을 테마로 한 놀이공원에 가는 것이었다. 할로윈 날이 다가와서 진행하는 호박 컨셉인 시즌 놀이공원이었다. 놀이공원에서 나갈 때 호박 더미에서 꾸밀 호박을 골라 사갈 수 있다. 이곳저곳을 돌아다니다가 배고파져서 푸드코트에 가서 피자랑 치킨을 시켰다. 농장처럼 바닥이 흙이었고 사람이 많다 보니 흙먼지가 사방에 날려 몸이 너무 더러워졌다. 집에 도착하자마자 샤워를 했다.

샤워를 하고 나왔는데, Synai가 영화 보러 가자는 문자가 왔다. 그래서 얼른 젖은 머리를 말리고 Synai 부모님이 데리러 오셔서 영화관에 갔다. 영화관에서 나와 저녁을 먹고 집으로 왔다.

집에 오니 가족들이 야식을 먹고 있었다. 그래서, 나도 좀.. 먹었다. 그리고 차고에서 애기 (Gabe)랑 분필로 낙서하면서 놀았다. 스파이더맨을 그려달라고 해서 최선을 다해 그렸지만, 좀 어디가 모자란 스파이더맨이 되어버렸다. 또, 노래방 기계로 호스트 엄마와 노래를 불렀다. 그러다가, 시간이 늦어져 버렸다.

내일 학교에 가야 해서 얼른 잘 준비를 했다. 평소보다 늦게 잠에 들어서 다음 날 늦게 일어나 버렸다. 학교에 아슬아슬하게 도착했다.

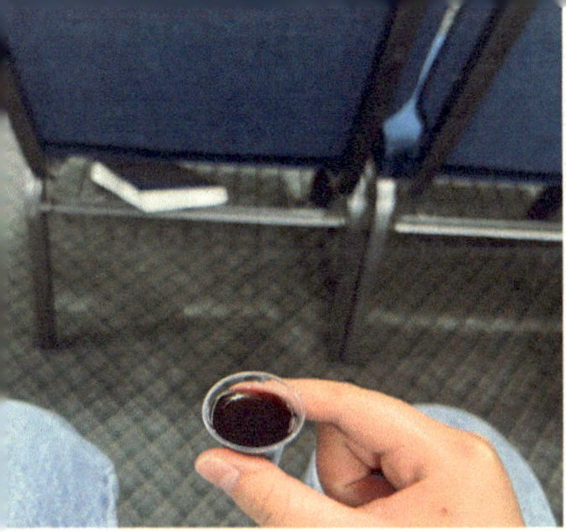

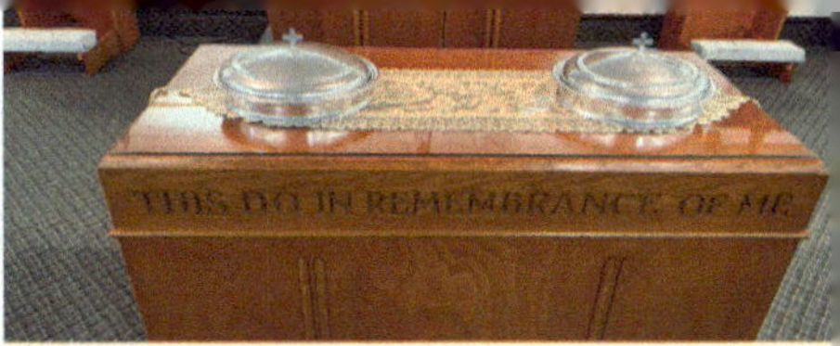
THIS DO IN REMEMBRANCE OF ME

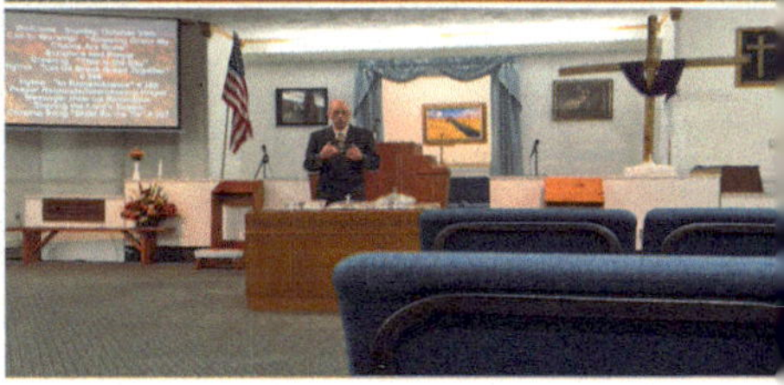

ENTION LIFELINE
VENTIONLIFELINE.ORG

DOWN ON THE FARM
AT
Beggs Family Farm

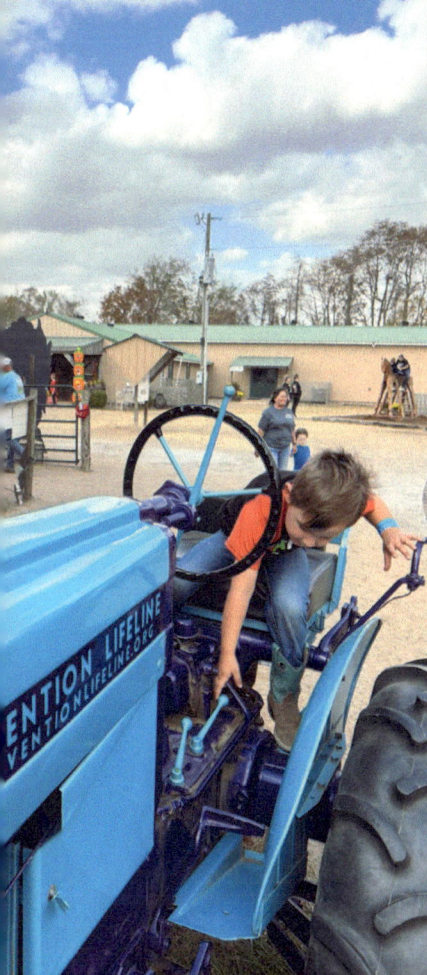

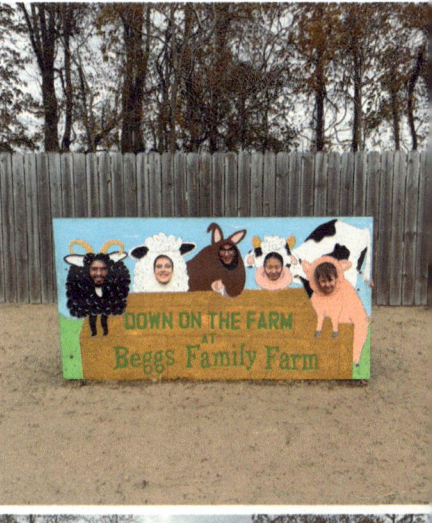

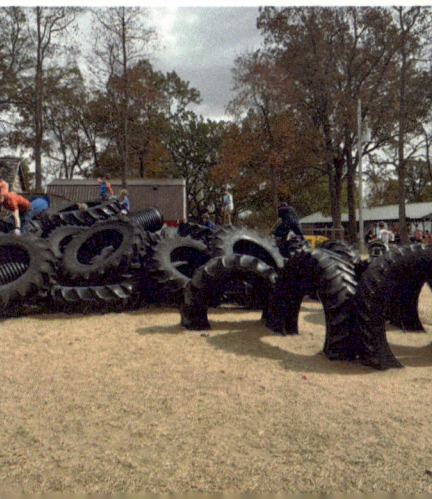

아침. 점심. 저녁

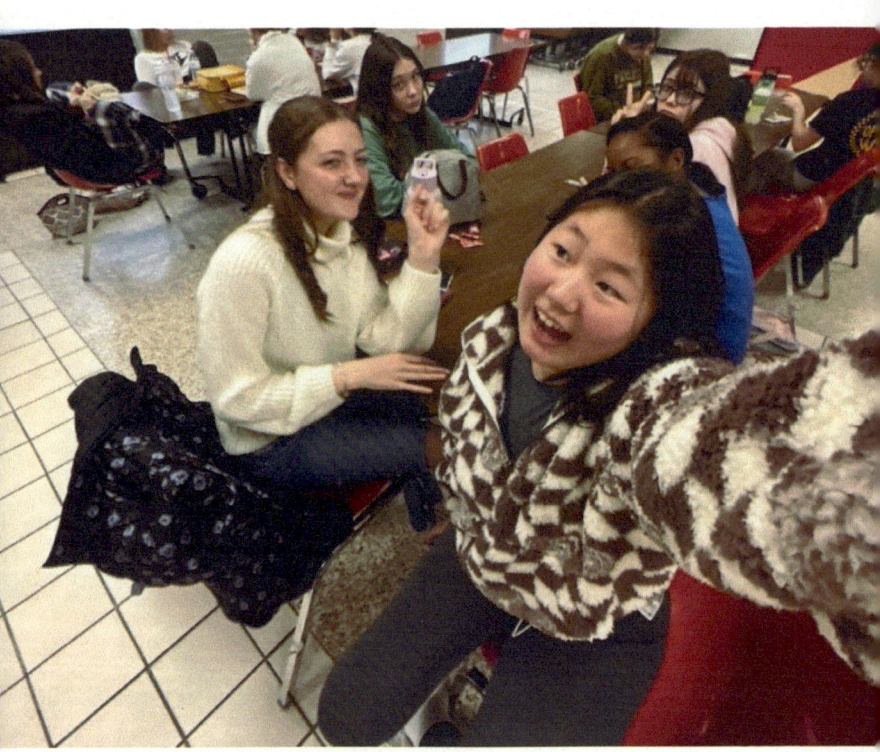

아침밥

아침밥은 매일매일 먹는다 (두 번째 호스트로 바꾸고 나서부터). 항상 6시 반쯤에 아침을 먹고 등교할 수 있도록 아침을 챙겨주신다. 주로 먹는 메뉴는 와플, 팬케이크, 시리얼, 그리고 에그 스크럼블이다. 제일 좋아하는 메뉴는 블루베리 팬케이크이다. 왜냐하면 아침에 가볍게 먹기 좋고, 배가 아프지 않아서 좋다. 든든하게 아침을 먹고 학교를 갈 수 있어서 좋다.

급식

학교 급식은 솔직히 별로다. 점심 시간에는 두 가지 코스가 있다. 사람들이 주로 가는 메인 코스 말고 다른 코스에서는 랩이나 샐러드 같은 건강한 메뉴를 제공한다. 그래서 이걸 주로 먹으려고 한다. 메인 코스 음식은 주로 생선 스틱, 메쉬 포테이토, 고기 스튜, 나초와 소스 등이 나온다. 메인 코스는 받는 사람

이 많기 때문에 음식 양을 많이 주지 않는다. 하지만 샐러드나 랩을 먹으면 원하는 만큼 받을 수 있다.

저녁밥

저녁밥 먹을 때가 가장 기대되는 시간이다. 진짜 미국 음식들을 많이 접해볼 수 있었다. 가장 맛있었던 건 Coney Island Hot Dog이다. 핫도그 같지 않아 보이는 이유는 핫도그 빵을 안 쓰고 만든 핫도그이기 때문이다. 칠리빈 (chili beans)을 위에 소스로 사용한다. 칠리빈이 내 입맛에 맞았다. 매콤하면서 치즈를 뿌려주어 닭갈비에 치즈를 먹는 느낌이랄까?

다음으로 기억에 남는 음식은 통감자를 반으로 잘라서 Gravy (고기에서 나온 육수를 사용해 우유를 넣어 만든 크림소스), 베이컨, 브로콜리를 넣어서 만든 음식이었다. Gravy가 감자랑 너무 잘 어울렸다. 소스가 크림소스 같으면서도 느끼하지 않았다. 결국, 설거지까지 했다.

한국 음식 해드리기

 항상 밥을 해주시는 것에 감사해서 '나도 뭔가 해드려야겠다!'라는 생각을 했다. 그래서 가족분들께 한국 김밥을 만들어 드렸다. 김치랑 햇반 재료가 냉장고에 있었다. 그래서 마트에 가서 김밥 마는 도구랑 김밥 김을 샀다. 오이, 스팸, 지단, 당근, 참치마요, 그리고 김치를 넣어서 김밥을 말았다. 김밥은 엄마랑 같이 만들어본 경험은 있지만 혼자 만드는 것은 처음이었다. 맛이 없으면 어쩌나 걱정했는데, 가족분들이 엄청 맛있다고 좋아해주셔서 행복했다.

외식

Watami라는 미국계 일본식당이 있다. 스시롤이나 볶음밥이 맛있다. 볶음밥을 시키면 YumYum Sauce를 주는 데 그 소스가 볶음밥의 밍밍함을 잡아준다. YumYum Sauce는 마요네즈랑 케첩, 식초 등의 재료로 만든 소스이다. 미국인들에게 인기 있는 소스여서 마트에 가면 우리나라의 불닭볶음면 소스처럼 따로 팔기도 한다.

홈커밍

학교 신문에 내가 ?

내가 다니는 학교는 "Barker"라고 학교 신문을 매달 발행한다. 이번 달 신문에는 교환학생을 주제로 한 내 글이 실렸다.

『This year, some families in the Sikeston school district decided to become host families for foreign exchange students. Three of the exchange students are Tiffany Bang, (다른 학생 이름), (다른 학생 이름). Becoming a foreign exchange student is not as easy as one might think. Becoming a foreign exchange student takes lots of preparation. "About a year before I intended to become a foreign exchange student I had to study hard in Korea," Bang said. Foreign exchange students do not get to choose where they live. They sign up for a program and the program finds host families for them. There are positives and negatives that come from being a foreign exchange student. "I can't talk with a lot of my friends. That makes me tired and sad. However, some of my friends help me and ask me questions. I am thankful for all my friends," Bang said.』

FOREIGN EXCHANGE STUDENTS

Article by: Allie Rodgers

Photo Courtesy of: Tiffany Bang, João Vincente Kochinski, Hyeongin Do

All three foreign exchange students with friends they have made while at Sikeston

This year, some families in the Sikeston school district decided to become host families for foreign exchange students. Three of the exchange students are Tiffany Bang, João Vincente Kochinski ("Vi"), and Hyeongin Do ("Timothy"). Becoming a foreign exchange student is not as easy as one might think.

Becoming a foreign exchange student takes lots of preparation.

"About a year before [I intended to become a foreign exchange student] I had to study hard in Korea," Bang said.

Forgeign exchange students do not get to choose where they live. They sign up for a program and the program finds host families for them. There are positives and negatives that come from being a foreign exchange student.

"I can't talk with a lot of my friends. That makes me tired and sad. However, some of my friends help me and ask me questions. I am thankful for all of my friends," Bang said.

From food to education, there are several things different in America than foreign countries. These differences can be good and bad. For example, certain foods in America are not found in other countries.

"My favorite American food is Cheese Burgers," Kochinski said.

There are many challenges that come with being a foreign exchange student, such as being homesick and overcoming language barriers. Even with new and delicious foods, such as American cheeseburgers, foreign exchange students still find themselves homesick.

"The hardest part of coming to America is staying away from your family and friends for a year," Kochinski said.

American education is even different from other countries in the world. The lunch in American schools is different, as well as the classes offered and how the classes are taught.

"I think the good part of American education is that there are so many different subjects," Do said.

There are a multitude of differences between America and other countries. From the obvious language differences to everyday things like how school is operated, Sikeston' newest additions are finding things to love.

"[The biggest difference between my home country and America is] school. Compared to Korean schools, it's much more free and has various subjects and people," Do said.

These three students have overcome many obstacles to attend Sikeston Senior High School. Overall, our foreign exchange students are loving America so far and are adjusting fairly well.

인터뷰는 신문 담당 친구가 준 질문지를 답변해서 Snapchat으로 보내주는 방식이었다. 수업을 듣고 있는데 나를 찾는다는 소리를 듣고 나가 보니, 교환학생 관련 행사를 한다고 해서 인터뷰를 부탁한다고 했다. 나는 신문에 나올 행사인 줄은 몰랐다.

 얼마 후, 수업 시간에 매달 나오는 신문을 별 생각 없이 가방에 넣어 두었다가 집에서 읽으려 했다. 친구들이 "Tiff! 너 신문에 나왔어! 봐봐!"라고 했다. 그래서 '뭐지?' 하면서 봤는데 인터뷰와 함께 보낸 사진과 글이 실려 있었다. 사진에 같이 나온 친구들한테는 영상 통화가 왔다. 학교 단체 신문에 나올 줄 모르고 보낸 사진이기에 친구들에게 사진이 괜찮은지 물어보며 신문을 감상했다. 놀람과 동시에 너무 좋았고 뿌듯했다.

멕시코 여행

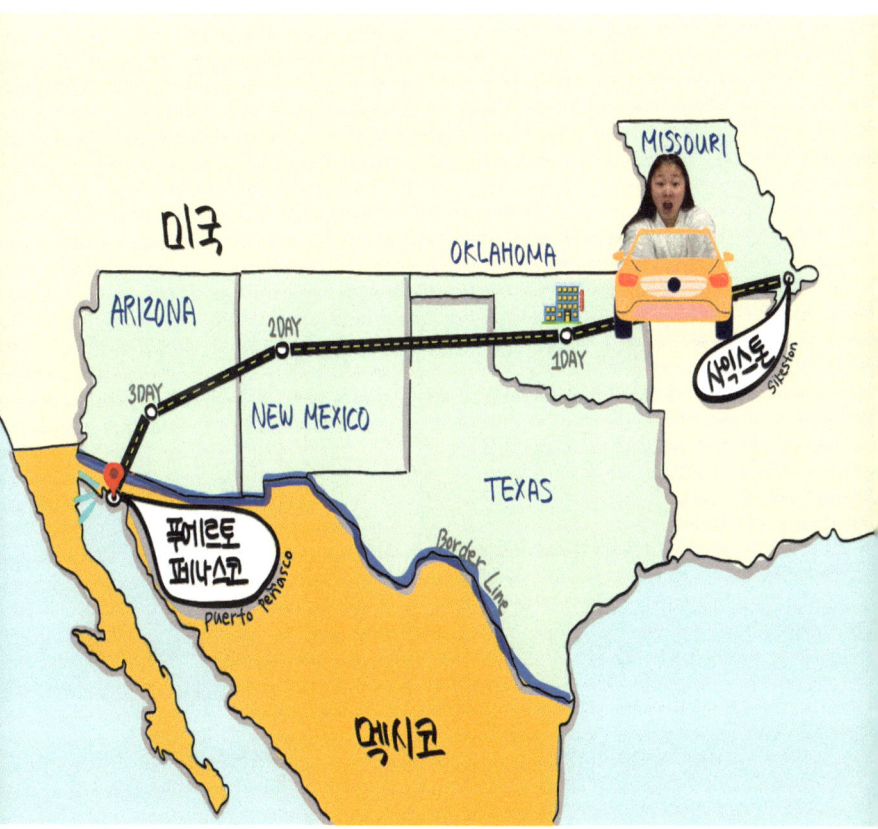

"차 타고 갈 거야! 비용을 줄이기 위해서 내가 운전해서 가기로 했어." 호스트 아빠는 말씀하셨다. 호스트 가족이 내가 홈스테이 기간 동안 멕시코 여행을 가게 된다는 것을 미리 말씀해 주셨는데, 내가 내야 할 항공료와 호텔 숙박 비용도 어느 정도인지 이미 알게 되었고 준비해 갔다. 그러나 호스트 가족은 경제적 여건 때문에 비행기 대신 차를 운전해서 가기로 결정하셨다. '멕시코를 운전해서 갈 수 있나? 엄청 오래 걸릴 텐데… 로드 트립도 뭐 괜찮은 경험이 될 것 같기도 하지만…'

왠 여행? 비행기로 미국 미주리주 세인트루이스 공항에서 멕시코 공항까지 일인 기준 약 700달러(93만 원)였다. 그러나 차를 운전해서 가게 되면, 기름값, 호텔 비용을 포함하여 230달러(31만 원)로, 470달러(62만 원)를 절감할 수 있었다. 호스트 부모님께 여행 비용을 드렸고 갈 준비만 제대로 하면 되었다.

멕시코 여행을 가는 이유는 호스트 아빠가 가족을 오랫동안 못 만났기 때문이다. 호스트 아빠는 멕시코 분이신데 아내인 호스트 엄마와 결혼하고 아이를 낳고 기르면서 멕시코에 있는 가족들을 6년 동안 못 봤다. 이번 여행이 바로 6년 만에 가족을 만나러 가는 것이었다. 나도 처음 하는 여행이라 설레면서도 차로 가는 긴 여정을 예상하며 다소 걱정이 되었다.

여행 준비하기

 나는 교환학생 신분이라서 J-1 비자(국제 교류 프로그램)를 받고 미국에 들어와 있기 때문에 멕시코에 가려면 여행 허가를 받아야 했다. 담당 미국 지역 관리자에게 연락해서 어떤 서류가 필요한지 물어봤다. 「Travel validation by responsible officer」라는 서류가 필요했고, 한국에서 비자를 받을 때 받은 서류들 중 하나였다. 헷갈리고 처음이어서 '이게 맞나?' 하며 계속 사진을 찍어 보내며 우여곡절 끝에 해당 서류를 찾아냈다. 그렇게 찾아낸 서류에 여행 기간과 장소를 포스트잇에 적어서 사진을 찍어 지역 관리자에게 보냈다. 그랬더니 관리자분이 알아서 뉴욕 본사로 서류를 보내 주셨다. 서류가 다시 도착하기까지는 5일이 걸렸다. 학교 선생님께는 멕시코 여행 때문에 수업을 일주일 동안 못 나온다고 말씀드렸고 받을 수 있는 숙제들을 미리 받아 놓았다. 금요일이 되었다. 마침내 지역 관리자로부터 서류가 오늘 중으로 도착할 거라는 문자를 받았다. 이미 여행 짐은 다 챙겨 놓았다. 오늘 학교만 갔다 오면 여행 허가 서류가 도착해 있을 거라는 생각으로 평소처럼 학교로 갔다. 그런데 6교시 수업 중 갑자기 나보고 checkout(조퇴)하라는 교무실 방송이 들려왔다. 핸드폰을 보니까 호스트 엄마가 학교 앞에 와 있다는 메시지가 있었다. 내 여행 허가 서류는 이미 집에 도착했고 호스트 엄마는 일찍 출발하는 게 좋겠다고 생각하여 학교로 오신 것이다. 아무래도 장시간 운전을 해서 가야 하기 때문에 서두르신 것 같았다.

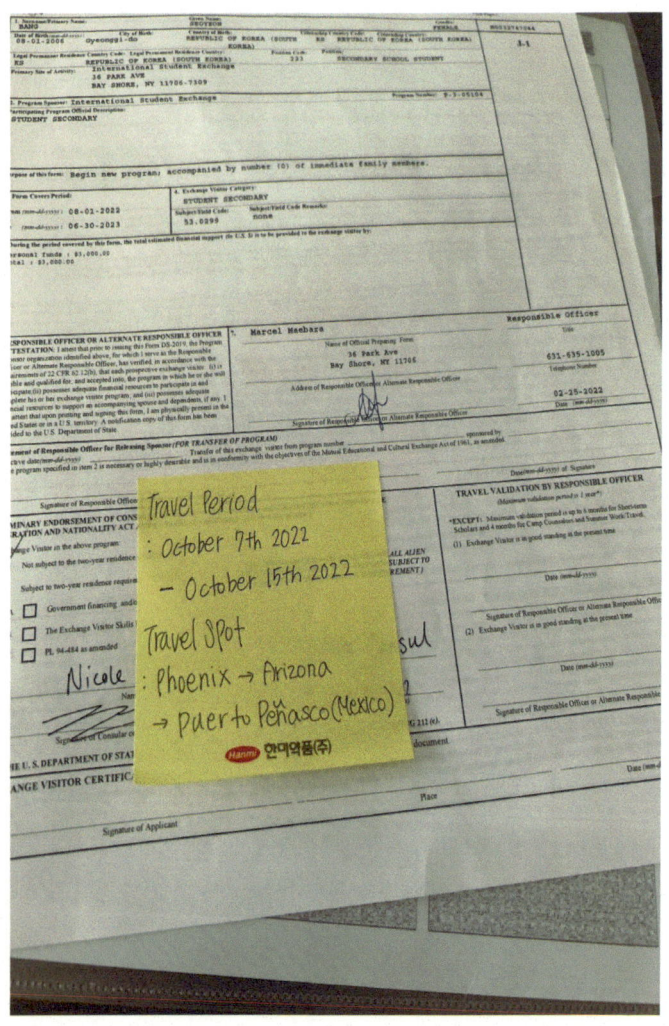

로드 트립 시작

 짐들을 차에 싣고 우리는 출발했다. 먼저, Scooter's coffee랑 Dairy Queen에 가서 음료와 음식을 드라이브 스루로 샀다. 긴 운전 그리고 기다림이 시작되었다. 미주리주 사익스톤에서 출발하여 오클라호마주 오클라호마 시티를 지나 미국 대륙 서쪽으로 이틀간 운전하여 애리조나주 피닉스에 도착했다. 2일 동안 4개의 주를 지났다. 오클라호마주->텍사스주->뉴멕시코주->애리조나주. 호스트 엄마와 아빠가 교대하며 운전을 하셨지만 두 분이 정말 대단하다는 생각뿐이었다. 로드 트립은 생각한 것보다 나쁘지 않았다. 도로를 달리면서 차창 밖으로 보이는 자연 관경을 보는 것이 너무 좋았기 때문이다. 건물이 하나도 없고 광활한 평야만이 끝없이 펼쳐졌지만, 그런 광경은 처음이라 새로웠다. 오클라호마 시티에 들어섰을 때는 야경이 잠을 확 깨웠다. 중간에 두 번 호텔에 묵었다. 오랜 시간 차 안에서만 있어서 피곤했는지 편하게 호텔을 즐기기보다는 뻗어서 자기만 했다. 하지만 호텔 조식은 맛있었다. 내가 좋아하는 요거트와 와플은 완전 뽕 뽑아서 먹었다. 피닉스에 도착했을 때는 처음에 멕시코에 벌써 도착한 줄 알았다. 거기에서 호스트 아빠 가족들을 만났기 때문이다. 그런데 입국 심사와 서류 심사를 한 적이 없어서 이상하다는 생각을 했다. 알고 보니, 가족분들은 피닉스에 거주하고 계셨고 멕시코에 별장을 소유하고 있어서 하루 피닉스에서 보내고 다음 날 다 같이 멕시코로 운전을 해서 갈 계획이었다. 호스트 시스터 생일 파티가 예정되어 있어서 하루를 피닉스에서 보내고 멕시코로 가는 거라고 했다.

피닉스에 도착해서 우린 멕시코 식당에 가서 밥을 먹었고 파티 준비를 했다. 풍선을 불고, 포토존을 꾸미고, 간식도 채우고 파티 준비를 도왔다. 호스트 시스터가 호스트 아빠의 동생이기는 하지만 내 또래 언니였다. 그래서 미국에 처음 갔을 때 많이 의지를 했다. 그래서 행복한 생일 파티가 되기를 바라면서 준비했다. 파티는 정말 재미있고 행복하게 마쳤고 우린 피닉스에서 밤을 맞이했다.

멕시코로 향하다

다음날 아침, 멕시코로 향했다. 우리는 멕시코의 푸에르토 페냐스코(Puerto Peñasco)에 도착했다. 바다가 있는 도시다. 입국 심사와 서류 심사를 받았다. 입국 심사는 항상 공항에서 받았는데 차 안에서 받는 입국 심사는 색다른 경험이었다. 한국 고속도로 톨게이트 같은 느낌이었는데 두꺼운 벽과 창살로 막혀 있었고 보안이 철저한 곳이었다. 심사 직원이 어디서 왔냐는 질문과 함께 이런저런 서류를 호스트 아빠로부터 받아서 확인하더니 우리를 통과시켜 줬다. 신기한 경험이었고 너무 신났다. 휴가 온 기분이 물씬 났다. 그러나 미국 국경을 넘자마자 핸드폰 인터넷은 끊겼다.

멕시코 도착

 멕시코 별장에 도착했다. 방은 두 개였고 나는 호스트 시스터와 2층 침대를 같이 쓰기로 했다. 단지형 주택이었고 수영장도 있었다. 멕시코 영화에서 보던 멕시코 주택 분위기의 집이었다. 나는 아주 신이 나서 구경을 하면서 여기저기 돌아다녔다. 호스트 아빠의 어머니께서 항상 음식을 해주셨고 타코나 케사디아 아니면 팬케이크를 주로 아침, 저녁으로 먹었다. 호스트 아빠 가족들은 영어를 못해서 나와는 소통이 안 됐다. 그래서 스페인어 수업 시간에 배운 스페인어를 끄집어내서 최대한 말을 해보려고 했다. 나중에는 '음식 맛있어요.', '좋은 아침이에요.', '죄송해요' 이런 말만 하고 나머지는 바디랭귀지로도 다 통하게 되었다. 역시 만국 공통어 바디랭귀지. 그래도 학교에서 배운 스페인어를 조금이라도 써먹어 보니까 재미있었고 새로운 언어를 배울 수 있어서 좋았다.

멕시코에서 둘째 날

 4륜 산악 오토바이를 타러 갔다. 바다 모래사장 위를 운전해서 돌아다녔고 스피커를 가지고 와서 노래를 들으면서 신나게 드라이브를 즐겼다. 멕시코의 건물들과 그날의 날씨, 풍경들이 너무 좋아서 아무 말도 안 하고 감상만 하며 여기저기 사진을 마구 찍었다. "멕시코에도 와 보고…정말 감사하다." 이런 기회가 나한테 온 게 너무 감사할 따름이었다.

 바다 옆에 있는 시내로 갔다. 야자수 나무들, 바다, 그리고 노을이 아름다워서 너무 사진을 찍고 싶게 만들었다. 호스트 시스터와 사진을 많이 찍었다. 이 시간이 너무 소중하고 감사했다. 또 거리에 파는 파인애플 주스와 아이스크림을 먹고 노을을 즐겼다. 다시 해변으로 갔다. 바다가 소금물만 아니었으면 마실 수 있을 정도로 깨끗하고 색깔이 너무 예뻤다. 바다에 들어가서 수영도 하고 노느라 나도 모르게 소금물을 좀 많이 마셨다.

 그리고 배를 타러 갔다. 사람들이 배 위에서 술 마시고 춤도 췄다. 분위기가 신나고 흥이 넘쳐서 '미국' 느낌이 물씬 났다. 하늘, 바다 그리고 배들이 모여 있는 것이 눈에 보였는데 그 모습이 예술 그 자체였다. 노을이 슬슬 지기 시작하자 더 아름다워져서 사진을 더 많이 찍게 되었다.

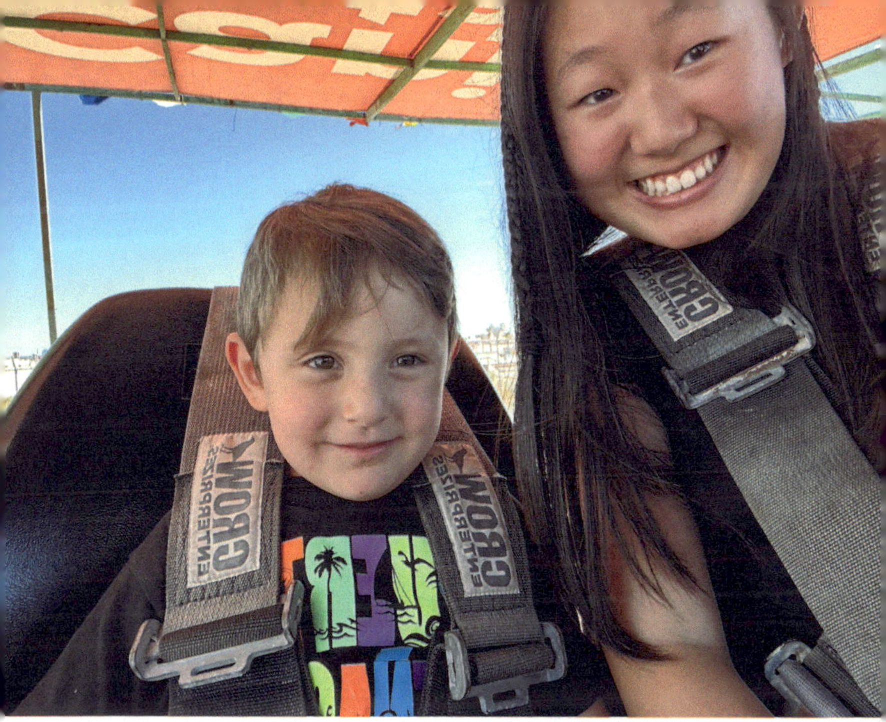

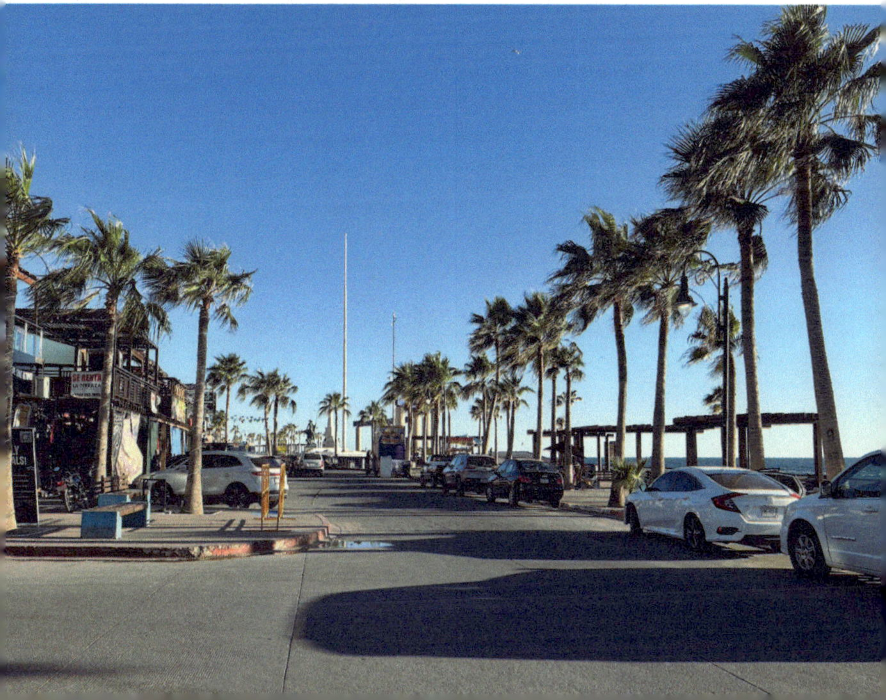

멕시코에서 셋째 날

 멕시코 시장을 돌아다녔다. 각종 해골 조각상 소품들이랑 핸드메이드 장식물들이 많았다. 그래도 멕시코에 왔는데 하나쯤은 사줘야지 하고 샀는데 조금씩 사다 보니 많이 사게 됐다. 날씨도 엄청 더웠다. 다음 날 새벽 출발하기 때문에 이날이 마지막 날이었다. 마지막으로, 가족들과 멕시코 식당에 들러 저녁을 먹고 별장으로 돌아왔다. 짐 정리를 하며 떠날 준비를 마치고 잠자리에 들었다.

Back to the Roadtrip

 이른 새벽, 집으로 돌아가는 긴 로드트립을 시작했다. 이상하게, 집으로 돌아가는 건 더 짧게 느껴졌다. 멕시코를 차로 운전해서 가보는 인생 첫 경험이었다. 긴 운전으로 힘들기도 했지만 힐링이 되는 여행이었다. '근데, 내가 운전해서 가라고 하면 못 갈 것 같아.'

Thanksgiving Day

11월 24일은 Thanksgiving 날이었다. 미국의 Thanksgiving 날은 일주일 또는 2주 전부터 음식들을 준비하며 기대하는 연휴이다. 수확의 기쁨에 감사하고 다음 해의 축복을 바라는 의미가 있다. 나의 Thanksgiving 날은 새로우면서 익숙한 시간이었다.

 우리 호스트 가족들은 호스트 엄마의 가족들과 시간을 보냈다. 가족들이 모인 장소는 큰 컨테이너 창고 건물 같은 곳이었다. 하지만 각종 가을 분위기의 데코레이션 소품들로 꾸며져 파티 장소로 바뀌어 있었다. 이번 Thanksgiving 가족 행사는 보라색의 드레스 코드가 있었다. 나는 무채색 옷을 많이 입기 때문에 보라색 옷이 없었다. 그래서 호스트 엄마에게 말하고 호스트 엄마의 보라색 티셔츠를 입었다. Thanksgiving 날의 음식 중 칠면조가 제일 기대되었다. 학교 미술시간에 친구들과 이야기를 하면서 칠면조가 맛있다는 것을 들어서 더 기대되는 것도 있었다. 뷔페처럼 각자 원하는 음식을 가져와 가족들과 먹는 것이었다. 접시에 시저 샐러드, 호박 샐러드, 매쉬포테이토, 치킨수제비 (Chicken Dumpling), 마지막으로 칠면조를 담아 먹었다. 미국 음식이 너무 잘 맞는지, 처음 먹어보는 칠면조도 부드럽고 대체적으로 음식이 모두 최고였다. 디저트는 제일 좋아하는 케이크인 치즈케이크를 먹었다. 하지만 호스트 아빠의 이야기를 들어보니 치즈케이크는 Thanksgiving 전통 음식이 아니라고 하셨다. 피칸파이나 호두 같은 견과류 파이들이 전통 음식이라고 하셨다.

음식도 많고 사람들도 생각 이상으로 많았던 이 가족 행사는 점점 마무리되었다. 음식을 다 먹고 나서는 가족들과 단체사진도 찍고 추억을 남기는 시간을 가졌다. 귀엽고 조그만 아이들도 많아서 노는 것을 보고 놀아주면서 연휴 분위기를 느낄 수 있었다. 많은 가족들이 모여서 밥을 먹고 시간을 보내는 것이 한국의 명절 같았다. 그러면서도 대규모 가족 행사는 처음이어서 색다른 미국의 명절을 경험할 수 있었다. 상상 이상으로 음식 퀄리티가 좋았고 미국의 전통 음식도 맛보면서 또 하나의 경험을 쌓았다. 가족들 간의 깔깔대는 웃음과 따뜻함을 느낄 수 있었던 시간이었다.

2023 새해

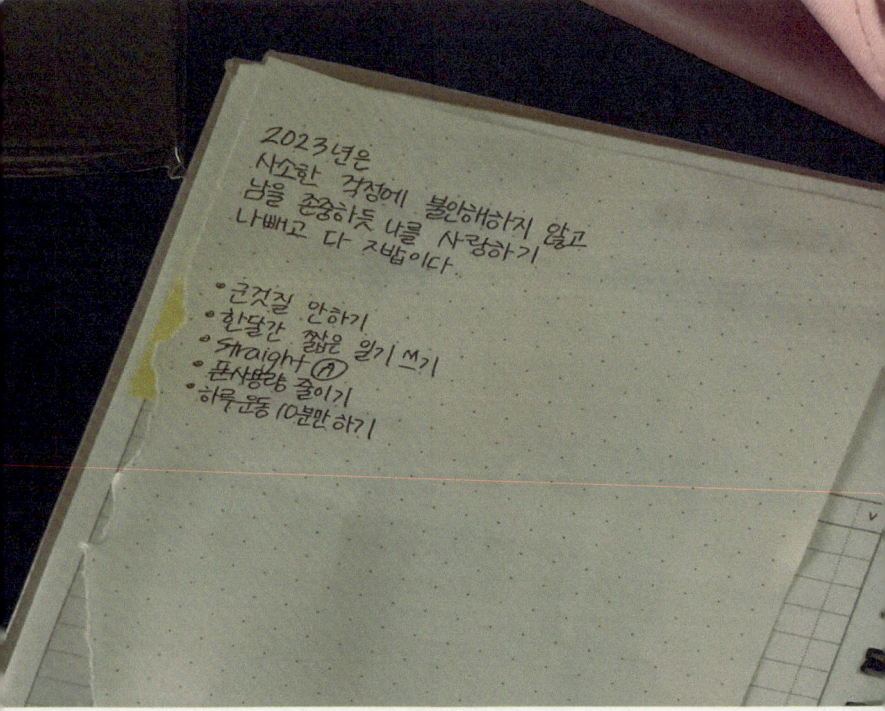

친구 집에서 친구들과 함께 1월 1일을 맞이했다. 친구 언니의 친구들도 있어서 다 같이 UNO 게임을 했다. 학교에서 몇 번 봤던 사람들이라 금방 친해졌다. 게임을 하는데, 친구들의 경쟁심이 불타올라 장난치고 노는 것이 재미있었다. 우기기도 하고 웃으면서 말장난도 하며 노니까 시간이 금방 갔다. 중간에 1월 1일 카운트다운도 했고 새해를 다 함께 맞이할 수 있어서 좋았다.

새해가 시작되고, 미국에 온 지 엊그제 같은데 2023년이 되고 벌써 5개월이 지났다. 생각이 많아졌다. 5개월 동안 학교에 적응했다. 그래서 2학기 학교생활은 한국에 돌아갈 준비를 위한 다른 공부도 병행할 계획이다. 밤에 잠을 못 잘 정도로 친구 관계에 신경을 많이 쓴 것이 후회된다. 2023년은 관계보다 운동이나 공부 등 나 자신에게 집중하는 시간을 많이 가지고 싶다.

새해 아침에 끄적끄적 쓴 목표라고나 할까.
2023년은 사소한 걱정에 불안해하지 않고 나를 사랑하기
"나빼고 다 ㅈ밥이다" -개그맨 장도연-
군것질 안 하기
한 달간 짧은 일기 매일매일
straight A 받아보기
폰 사용량 줄이기
하루 운동 10분 매일매일

2023년 계획

2학기 고등학교 생활이 시작됐다. 이제 미국에서 학교 다니는 것도 4개월밖에 남지 않았다. 요즘은 '한국에 돌아가면 어떻게 살지?' 하는 고민을 한다. 미국에서 학교를 다니며 한국 학교랑 다른 점을 많이 느꼈다. 솔직히, 한국 고등학교에서 경험했던 학교 시험과 언니 오빠들을 통해 봐온 수능 준비 과정들이 무서웠다. 반면에, 미국의 대학 시험, SAT는 기회를 많이 준다는 점이 "할 수 있다"라는 마음을 들게 했다.

이런저런 방법을 알아본 결과, 제일 해볼 만한 것은 미국 검정고시 GED였다. 이 시험을 통과하면 미국 고등학교 졸업장을 받을 수 있다. 이 시험에서 175점 이상을 받으면 한국 대학 입학 시에도 유리하다고 했다. 그래서 호스트 시스터가 보는 GED 유료 강의를 물어봐서 공부를 하기 시작했다. 학교를 마치고 집에서 온라인으로 공부하며, 학교 숙제를 마친 후 자기 전에 2시간씩 공부를 하고 있다. 온라인으로 퀴즈를 풀 때 많이 틀려서 시험을 잘 볼 수 있을까 걱정이 된다. 높은 점수를 받게 되면 미국 대학을 목표로 미국 수능시험을 준비하고 싶다. 아직 내 길을 모르겠다. 너무 어렵다.

GED를 통과하든 못하든 한국 고등학교를 이어서 다니기로 결정했다. GED를 통과해도 한국 학교를 이어서 다닐 수 있을지 알아보는 중이다. 이 결정을 한 이유는 한국 학교를 아예 포기하는 것이 두렵기 때문이다. 한국 학교를 다니면서 이걸 내가 왜 배우지 하면서 공부했던 기억이 있었다. 하지만, 미국 학교를 다니며 공부할 때 겹치는 내용이 많았다. 그래서 "한국에서 열심히 하길 잘했구나"라고 느꼈던 기억이 있다. 학교에서 가르치는 내용을 끝내고 싶고 대학이나 또 다른 시험에서 그 시간이 도움이 될 것이라는 생각이 들었다. 남은 미국 생활을 "미래를 위해 알차게 보내야 한다"는 다짐을 하게 되었다. 이 글을 쓰다 보니까 목표를 한 번 생각해 볼 수 있게 되었다. 아직 너무 불확실한 계획이어서 남은 5개월 동안 더 많은 고민을 해봐야겠다.

GED Science Sample Test

Question 8/

Mark to Review Later

Hemispheric Temperature Change

Which of the following conclusions is supported by the data presented in this graph?

○ Since 1980, the northern hemisphere has increased in temperature more than the southern hemisphere.

○ There is an inverse correlation between the temperatures of the northern and southern hemispheres.

○ Between 1920 and 1960, the hottest year on record occurred in the southern hemisphere.

○ There is a direct correlation between the temperatures of northern and southern hemispheres.

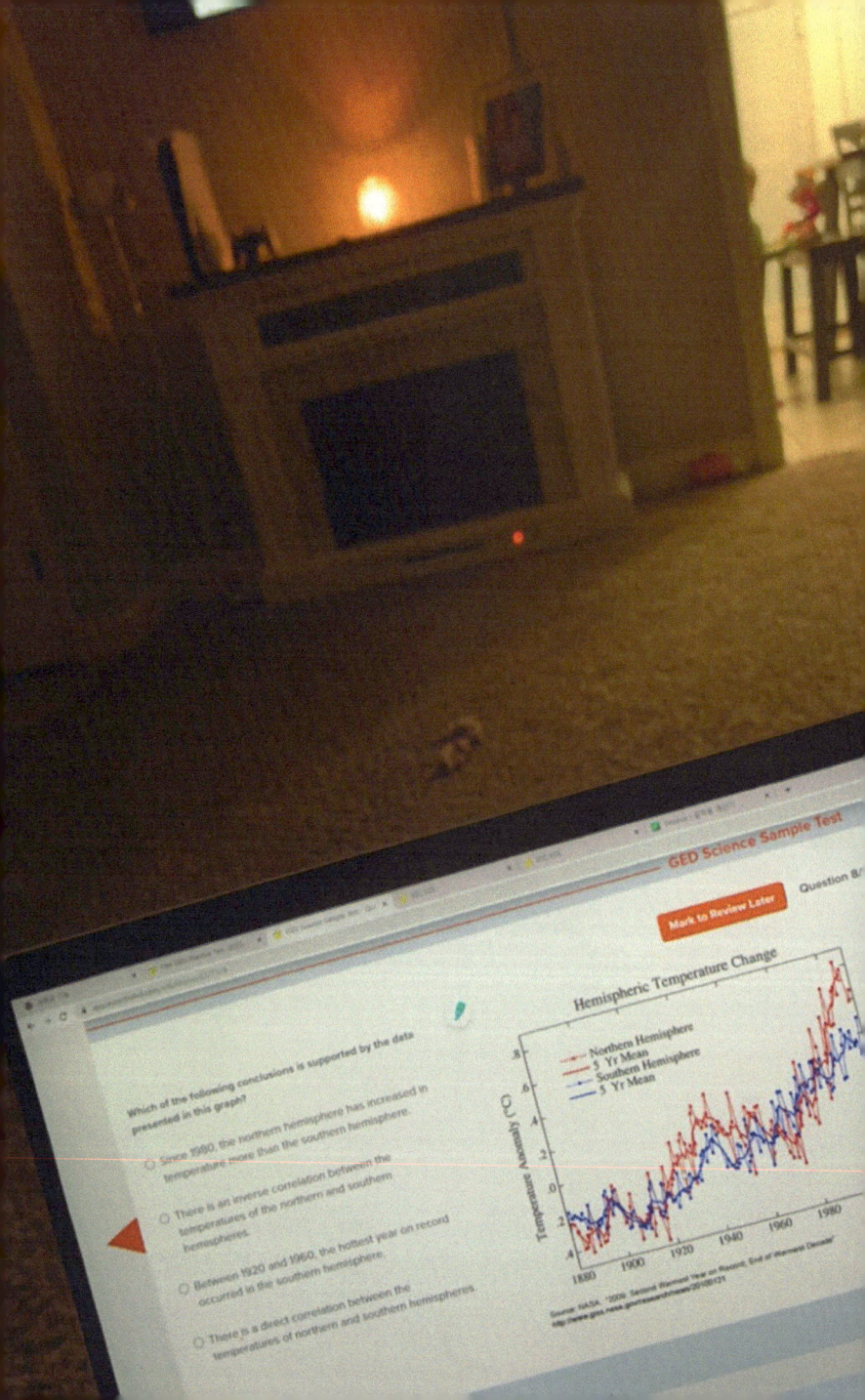

Source: NASA, "2009: Second Warmest Year on Record, End of Warmest Decade"
http://www.giss.nasa.gov/research/news/20100121/

Girl's Trip to St. Louis

세인트루이스는 미주리 주에 있는 큰 도시이다. 나는 사익스톤 아주 작은 시골에 산다. 그래서 세인트루이스는 공항 갈 때 가봤고 친구들한테 들어만 봤던 곳이었다. 이번 봄방학을 기회 삼아 친구들과 친구 어머니와 함께 Girl's Trip을 떠났다. 나를 포함해서 5명이었고 친구 어머니께서 운전해 주셨다.

첫 장소

  Macy's 쇼핑몰을 갔다. 옷가게에서 친구들과 아웃핏을 골라 입어보면서 놀았다. 그러다 주얼리 샵에 들어가서 다 같이 목걸이를 맞추고 친구랑 피어싱을 했다. 갑작스러운 귀 뚫기 분위기가 형성되었다. 나는 전부터 굉장히 즉흥적이라는 걸 느꼈다. 친구와 "이제 뭐 하지?"라는 이야기를 하다가 "귀 뚫고 싶다"는 말이 나와서 "하지 뭐."가 된 것이었다.

점심

　점심을 먹으러 'Longhorn'이라는 스테이크 하우스에 갔다. 하루 종일 안 먹고 돌아다니다 보니 배가 고팠다. 디저트까지 배부르게 먹었다. 밥을 먹고 세인트루이스의 랜드마크인 Arch에 갔다. 조형물 안에 들어가 올라갈 수가 있는데 바람이 많이 불어서 문을 닫았다. 그래서 앞에서 사진이나 실컷 찍었다.

마지막 장소

　마지막 장소는 아시안 마켓! 너무 가고 싶었던 곳이다. 아마존으로 엄마가 한국 음식을 보내주기는 했지만, 마트에서 더 많은 종류의 음식을 보니 반가웠다. 친구 엄마에게 한국 소주도 알려주었다. 친구들한테는 한국 음식들을 시도해보라고 추천했다. 마트에서 30분 동안 돌아다니고 구경했다. 한국 음식뿐만 아니라 중국 음식들도 많아서 중국인이 많았다. 시간이 가는 줄 모르는 쇼핑 시간이었다. 이때 산 쌀과자는 두루두루 잘 먹었다.

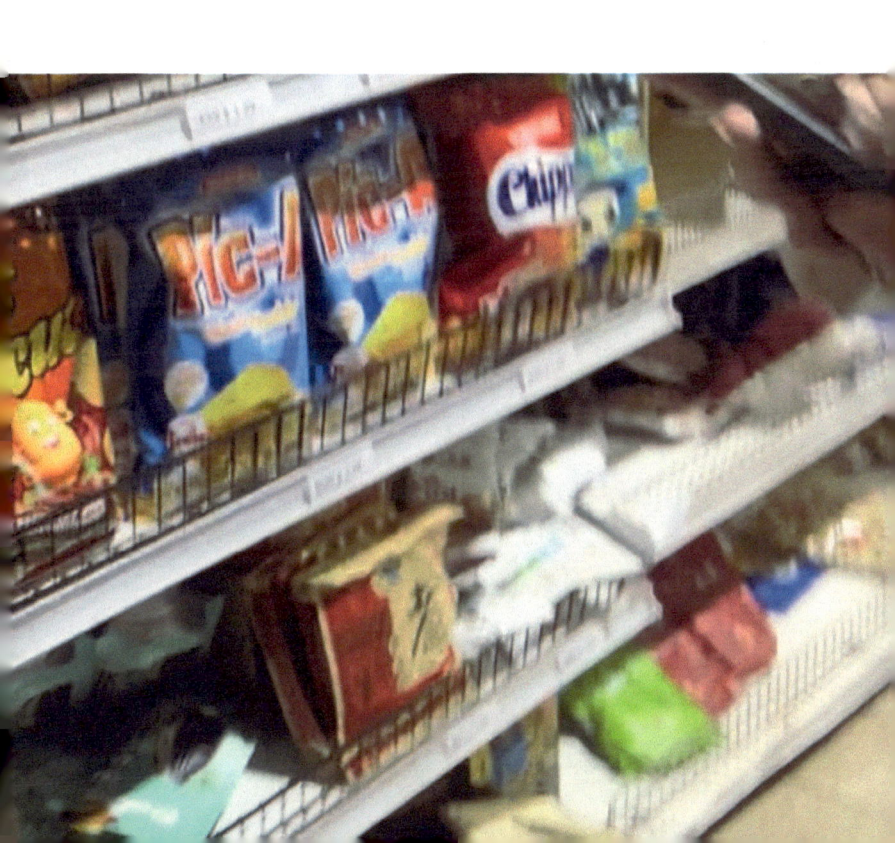

친구들과 드라이브

미국에서는 'Sweet Sixteen'이라고 불리는 16번째 생일을 특별히 더 기념한다. 이때 운전면허증을 딸 수 있고 차를 생일 선물로 받는다. 그래서 내 친구들은 대부분 개인 차를 가지고 있었다. 친구들과 놀러 갈 때는 드라이버 친구, 조수석 친구, 뒤에서 재잘대는 친구들로 이루어진다. 보통 금요일이나 휴일에 드라이버 친구가 픽업하러 오면 동네를 차 타고 돌아다닌다. 노래를 빵빵하게 틀어놓고 소리도 지르며 즐긴다. 한국 친구들과는 노래방에서 즐기던 모습과 유사하다. 돌아다니며 DRIVE THRU를 할 수 있다는 점이 다르다. DRIVE THRU 하러 갈 때 거기서 일하고 있는 친구를 잠깐 만나서 대화를 나누기도 한다. 나는 외국 노래를 잘 모른다. 그래서 가사를 부르며 즐기는 친구들이랑 같이 스며들 때가 어려울 때도 있었다. 그래서 터득한 방법은 일단 신나니까 소리 지르고 음을 맞춰서 바운스바운스 했다. 나중에는 나도 가사를 부르고 싶어서 친구가 보내준 플레이리스트를 계속 들으면서 다녔다. 미국에서 친구들과 했던 드라이브는 정말 속이 뻥 뚫리는 기분이었다. 끝없이 펼쳐진 것 같은 도로를 직진하며 노래 볼륨을 MAX로 해놓고 소리를 지르며 웃던 친구들과 이 경험은 잊을 수 없다.

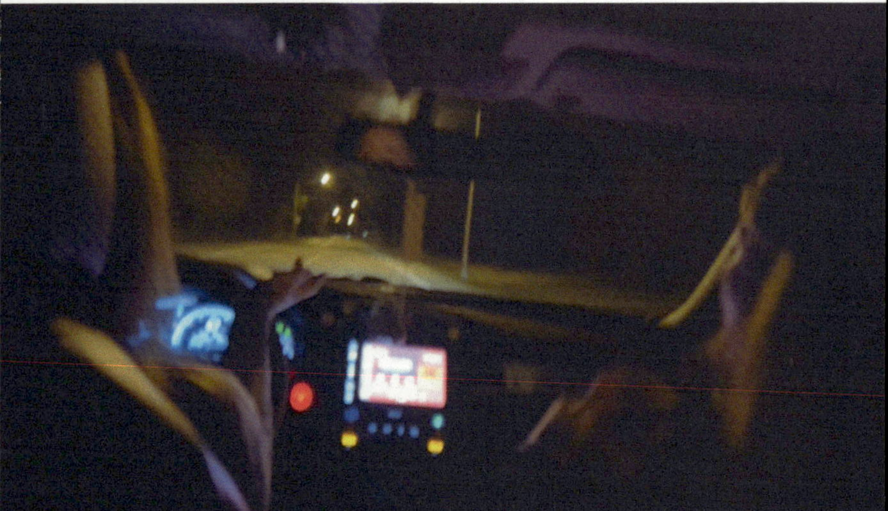

스포츠 시작

2월 27일부터 본격적으로 시작한 트랙 스포츠는 "달리기"를 다루며, 짧은 거리 달리기와 높이 뛰기 등 다양한 종목이 있다. 나는 긴 거리 달리기를 선택했다. 이 종목은 마라톤과 비슷하게 빠르게 뛰는 것보다는 오랜 거리를 뛸 수 있는 체력과 인내가 필요하다. 오랜 기간 동안 유산소 운동이 다이어트에 좋다는 말을 듣고 꾸준히 시도해보았다. 그러나 혼자 운동할 때는 숨이 차고 힘들면 걷게 되어 별로 뿌듯한 기분도 안 들고 운동의 즐거움을 찾지 못했다. 그래서 트랙 스포츠를 시작하여 제대로 된 지도와 훈련을 받아보고자 했다.

첫 연습 날, 정말로 죽을 뻔했다. 처음이었던 다른 친구들은 토할 것 같은 모습을 보였다. 훈련은 정말 힘겨웠지만, 코치님이 주신 훈련 인터벌 목록을 끝내고 나니 기분이 좋았고 피부도 좋아진 것 같았다. 일주일 동안, 매일 학교가 끝나면 트랙에서 1시간 반 동안 인터벌로 뛰었다. 지옥 같은 훈련 후, 주말은 종아리와 다리 전체가 아프고 걷기가 어려웠다. 몸이 아프다 보니 침대에서 일어나기가 꺼려졌다. 미국에 오고 나서 주말은 효율적으로 활용하려고 노력했지만, 이번 주말에는 게으르게 보낼 수밖에 없었다. 다리가 아프고 잠도 잘 오지 않아 걱정이었다.

새로운 주가 시작됐을 때, 종아리뼈가 부러진 것처럼 아파서 뛸 수가 없었다. 그러나 이상하게도 처음에 그 아픔을 꾹 참고 계속 뛰다 보니 근육이 풀린 것인지 또 하루 훈련을 마쳤다. 가족들도 뛰는 거리가 더 길어졌다고 말씀하시며 응원해주셨다. 매일 이렇게 훈련을 계속하다 보면 상태가 개선될 거라 믿는다.

Sleepovers

봄방학이다. 일주일 동안 학교를 가지 않았다. 그래서 친구들과 파자마 파티를 즐겼다. 친구 침대에서 여러 이야기를 나누며 시간을 보냈다. 교환학생 초반과 다르게 이제는 여자 친구들의 이야기를 듣고 이해하며 대화에 참여할 수 있다. 놀 때는 마냥 신나서 못 느꼈지만, 시간이 흘러감에 따라 미국에서의 적응도 많이 했다.

3월 10일 금요일 (1st sleepover day with Anne)

저녁이 되자 친구들과 함께 식당에 가서 저녁을 먹었다. 다른 두 친구도 불러서 일본식 레스토랑인 Watami에서 먹었다. 이 식당은 가격이 조금 비싸지만 맛있어서 생일이나 특별한 날 자주 가는 곳이다. 식사를 마치고, 같이 드라이브를 나갔다. 차 안에서 음악을 크게 틀어서 차가 음악에 맞춰 진동하는 것을 느낄 수 있었다. 노래 리듬에 따라 소리 지르면서 신나게 달렸다. 집에 도착해서는 피곤해 바로 잘 준비를 했다. Anne의 집은 3층짜리 집이었는데, 다락방은 잘 사용하지 않아서 가끔 그림을 그릴 때만 간다고 들었다. 올라가 보니 공간이 굉장히 넓었다. 그래서 다락방에서 이불을 깔고 자기로 했다. 잠에 들려고 했지만 이야기가 시작되고, 결국 밤 늦게 자게 되었다. 다락방이라서 그런지 추워서 잠을 자는 동안 몇 번 깼다. 히터를 틀어 놓았지만 너무 추웠다. 추운데도 불구하고, 다음에 더 따뜻해지면 또 해보고 싶은 재미있는 경험이었다.

3월 11일 토요일

 추운 다락방에서 아침 8시쯤에 일어나서 침구 정리를 했다. Anne의 생일 파티 날이었다. 그래서 케이크를 함께 아이싱하기로 했다. Anne은 크림치즈 아이싱을 좋아해서 매년 생일 때 크림치즈 아이싱으로 케이크를 만든다고 했다. 하지만 크림치즈가 넉넉하지 않아서 마트에 가서 부족한 재료를 사와 아이싱을 만들기 시작했다. Anne의 레시피를 따르며 케이크를 만들면서 웃고 떠들다 보니 케이크가 완성되었다. 중간에 아이싱이 너무 묽어지는 시행착오가 있어서 주방이 폭탄 맞은 것처럼 되었다. 그래서 우리는 주방을 청소하는데 시간이 걸렸다. 케이크를 완성하고 나서 Anne과 함께 생일 파티를 준비했다. Anne의 생일 파티는 폴라로이드 사진, 뷔페 음식, 노래, 생일 선물로 가득 차 있었다. Anne이 나를 초대해준 것에 고마웠다.

3월 13일 월요일

 이 날은 트랙 훈련이 있었다. 훈련이 끝나고 다리가 너무 아프고 힘들어 낮잠을 자게 되었다. 깨어난 후, 친구가 "sleepover 할래?"라는 문자를 보내왔고, 기쁘게 수락했다. 그렇게 4명의 친구와 파자마 파티를 하게 되었다. 그래서 오후 8시에 Aubree가 나를 데리러 왔고, 담요를 둘러싸고 Aubree의 집으로 향했다. 집에 도착하자마자 방에 모여 침대에 눕고 이야기를 나누었다. 전 남친, 짝사랑, 학교 선생님, 여자애들 등 다양한 주제로 대화를 나누다가 12시가 되고 1시가 되었다. 조금씩

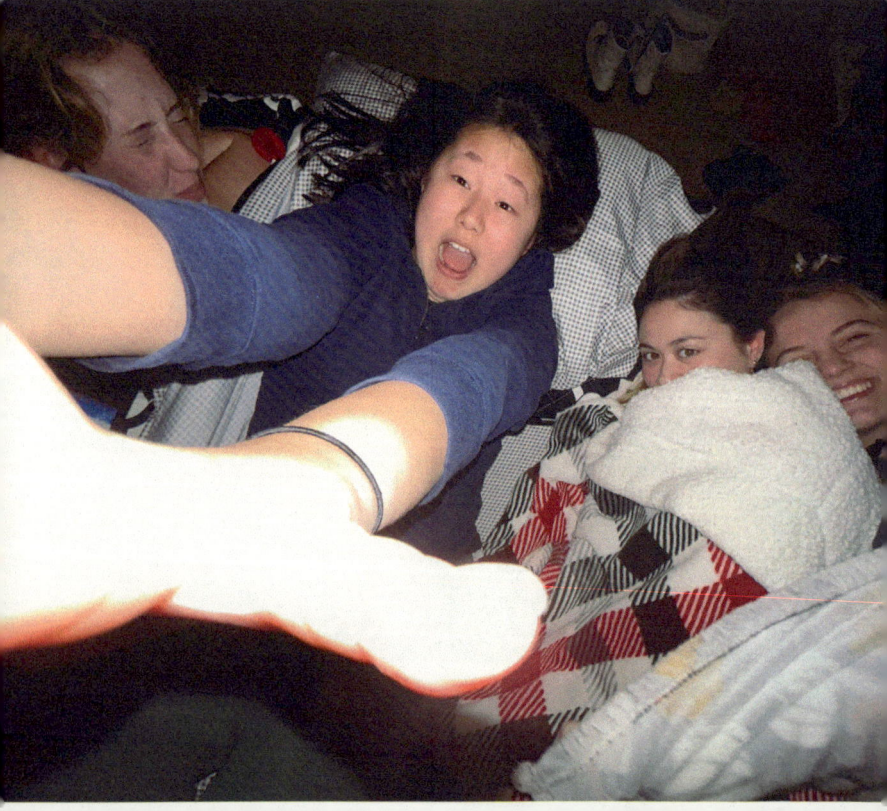

잠에 들 준비를 하고 불을 끄고 누웠다. 그런데 Anne이 내 옆에서 웃음을 터뜨렸다. 그 웃음소리가 너무 웃겨서 내가 웃음을 터뜨리고, 갑자기 모두가 웃기 시작했다. 그렇게 웃음을 멈추지 못하다가 언제인가에서 웃음을 멈추고 잠에 빠졌다. 근데 한 침대에 4명이 모두 누워 자야 했기 때문에, 계속해서 친구가 발로 차서 나는 땅바닥에 담요를 깔고 잤다.

3월 14일 화요일

 땅바닥에서 담요와 함께 아침에 내가 제일 먼저 일어났다. 나는 일어나서 양치를 하고 얼굴을 씻었다. 그리고 주방에 가서 빠르게 책 출판을 도와주는 선생님과 줌으로 만났다. 다시 잠에 들려고 했지만 잠이 이미 다 깨버렸다. 그래서 폰을 보면서 누워 있었고, 서서히 친구들도 일어나기 시작했다. 이날도 트랙 훈련이 있었다. Aubree가 Anne과 나를 트랙 훈련장으로 데려다주었다. 훈련이 끝난 후, Aubree와 Ashley가 다시 와서 Anne과 함께 밥을 먹으러 갔다. 메뉴는 샌드위치였다. 이후에 카페에 가서 음료 하나씩 사서 Aubree 집으로 돌아갔다. 편안하게 시간을 보내고, Aubree는 일하러 가야 했고, Ashley는 운동을 가야 했다. 이렇게 모두 작별인사를 나누고, Ashley가 나를 집에 데려다줬다. 방학 중에 파자마 파티를 여러 번 하면서 미국에서 친구들과의 소중한 추억을 만들었던 시간이었다.

Prom

2023.5.6 프롬파티가 있는 날이다. 하지만 Sam이랑 나는 SAT 시험을 이 날로 미리 접수해 놓은 상태였다. 그래서 우리는 아침 일찍 SAT 시험을 보러 갔다. 시험을 치르고 다 같이 밥을 먹은 다음에, 마을로 돌아와 파티 준비를 할 계획이었다. 호스트 부모님께 시험을 보러 이른 아침에 출발해야 한다고 하니 아침을 준비해 주신다고 하셨다. 아침 6시 반쯤에 Sam이 집으로 와서 아침을 든든하게 먹었다. 그리고 1시간 거리인 시험장으로 향했다. 4시간 동안 시험을 보니 배고프고 졸렸다. 시험 중간에 쉬는 시간이 있었는데, 다른 곳에서 온 친구들과 이야기도 하고 시험이 어땠는지 같이 대화를 나누기도 했다. 시험이 끝나고 집에 가기 전, 브런치 식당에 가서 간단한 샌드위치를 먹고 집으로 왔다. 집에 도착해서 한숨 눈을 붙이고 싶었지만 태어나서 처음인 프롬 때문에 긴장되었다. 그래서 부모님과 파티에 가면 어떻게 해야 하는지, Sam이 데리러 오면 무엇을 해야 하는지 등 프롬 문화를 배우다 보니 시간이 금방 갔다.

2시쯤이 되어서 호스트 부모님과 친한 가족분이 오셔서 메이크업과 헤어를 도와주셨다. 나는 한국에서 화장도 하지 않고 별로 꾸미지 않는 편이었던 터라 파티 단장을 어떻게 해야 할지 걱정이었다. 그것을 알고 호스트 부모님이 가족분에게 도와달라고 부탁해주셨다. 너무 감사했다. 그렇게 메이크업과 헤어를 마치고 드레스를 입고 사진을 찍었다. 준비 과정에서 파티에 대해 궁금한 것이 너무 많아 대화를 나누며 그분의 프롬 경험도 들을 수 있었다. 6시에 프롬데이트인 Sam이 부케랑

정장을 입고 문을 두드렸다. 남자가 여자의 집에 와서 문을 두드리고 남자는 부케를 주고 여자는 남자의 가슴 쪽에 Boutonnieres(부토니에)를 달아준다. 그렇게 Sam 차에 타고 가면서 이야기도 하며 before prom 파티에 갔다. Before Prom 파티는 학부모들께서 장소를 빌려 사진을 찍거나 Prom 전에 같이 시간을 보낼 수 있는 곳을 마련한 곳이었다. 간식도 많았고 사진도 찍었다. 그리고 건물 밖으로 나가서 친구들이랑 많은 사진을 찍었다. 그리고 학교로 갔다. 파티에 가기 전에 band shell march라고 학교 캠퍼스 복도를 행진하는 행사가 있다. 작은 패션쇼를 하는 분위기였다.

8시가 되고 프롬 파티가 시작되었다. 학교 카페테리아가 파티 장소였다. 이번 파티의 테마는 Hollywood라고 했다. 그래서 레드카펫과 캔디, 금색 장식들이 가득했다. 친구들을 만나서 사진도 찍고 춤도 췄다. 10시쯤에는 프롬 퀸, 킹 결과를 발표했다. 내가 응원했던 친구가 퀸이 돼서 소리 지르며 진심으로 축하해주었다. 프롬 파티는 슬슬 끝이 나고 사람들이 나가기 시작할 때 Sam 집에서 하는 애프터 파티에 갔다. 친구들이 모여서 게임도 하고 노래도 부르고 먹었다. 나는 부모님과 11시까지 집에 오기로 약속을 했던 터라 Sam이 집으로 데려다줬다. 집 가는 길에 같이 차에서 노래도 부르고 끝까지 파티의 분위기를 느끼고 왔다. 새로운 경험이 가득했던 하루였고, 부모님과 이야기를 하다가 늦게 잠에 들었다. 프롬 데이트를 제안해줘서 프롬 데이트의 문화까지 경험할 수 있게 해준 Sam한테 고마웠다.

Mother's Day

 5월 14일은 미국의 Mother's Day였다. 하루 전에 Lucy랑 Chloe는 Walmart에서 꽃을 샀다. 부모님께 드릴 꽃이라고 했다. 그리고 Sam은 레고 꽃을 만들어서 선물했다고 했다. 나도 엄마가 생각났다. 멀리 떨어져 있기에, 더욱더 생각나고 엄마, 아빠 품이 그립다. Mother's Day 당일에는 호스트 엄마의 아들(며느리) 집으로 가서 mother's day를 축하했다. 바베큐와 브라우니 디저트들을 먹었다. 바베큐는 하루 종일 구워서 아주 부드러웠다. 나는 집에서 미역국을 만들어 가서 함께 먹었다. 호스트 엄마의 아들분이 미역국을 특히 좋아하셨다. 내가 만든 미역국을 다 드셔서 집으로 돌아갈 때는 빈 냄비만 남았다. 처음 국 요리를 했고, 재료 중에 다진 마늘이 한국에서 쓰는 것과 달리 식초 같은 것으로 양념이 되어있었다. 그것을 모르고 사용했다가 미역국 맛이 이상해졌다. 마늘 때문이라는 걸 알아차렸고 다른 재료를 찾아보다가 마늘 파우더가 있었다. 그래서 그걸로 간을 다시 하니 평소 한국에서 먹어왔던 맛이 나기 시작했다. 다행이었고 맛있었다니 뿌듯했다.
 음식을 다 먹고 가족들과 이야기를 나누는 시간을 가졌다. 호스트 엄마는 나와 동갑인 손자가 있다. 그래서 그 친구랑 나는 진로랑 학교 얘기를 했다. 밤이 되자 인사하고 집으로 왔다. 지금 생각해보면 호스트 엄마도 엄연히 엄마이니 꽃 하나 사드렸으면 좋았을 것 같다는 생각이 든다.

PART 03

S.O.S

친구와의 화해

친구

미국에서 처음으로 마음이 맞는 친구를 만난 순간, 나는 기쁨과 행복으로 가득 찼다. 새로운 환경에서 매일같이 웃고 떠들며 이야기를 나눌 수 있는 친구가 있다는 것은 정말 소중한 경험이었다. 그러나 나는 그 친구에게 큰 상처를 준 일이 있었다.

갈등

미국에서의 새로운 경험과 사람들과의 소통을 즐겼던 나는 점심시간에도 다양한 친구들을 만나고 싶었다. 그 선택은 친구에게 상처를 주는 결과를 초래했다. 서운함과 자존심의 갈등 속에서 우리의 관계는 어려움을 겪었다. 학교에서 무시당하고 피해 다니는 경험은 큰 아픔으로 다가왔다. 나는 그 순간의 어려움을 극복하고자 힘쓰기 시작했지만, 타이밍과 감정의 상처로 소통은 쉽지 않았다.

노력

나는 그 친구를 자존심 강한 사람으로 생각했기 때문에, 나부터 다가가 소통의 문을 열어보려고 노력했다. 어깨를 톡톡 쳐가며 "Can we talk?"이라고 말을 건네 관계를 회복하려 했지만, 현실은 내 마음대로 흘러가지 않았다. 그런 때, 예전에 선물한 생일 편지를 떠올렸다. 정성스럽게 쓴 편지와 선물을 받고 울었던, 큰 기쁨을 주었던 순간이 떠올랐다.

편지

편지는 화해의 열쇠였고, 그 친구의 마음을 열 수 있었다. 나는 편지를 통해 미처 전하지 못한 감정을 표현하고자 했다. 집에서 번역기를 사용해 나의 마음이 잘 전해질 수 있도록 노력했고, 호스트 엄마에게 확인을 부탁하기도 했다. 가슴 떨리는 마음으로 편지를 전달한 그날, 친구는 메신저로 고마움을 전했다. 그 이후 일주일 동안 우리는 학교에서 감정을 표현하지 않으면서도 서로를 '아는 사람'처럼 대하며 지냈다.

Thank you for your help.

You are my first friend since I came here and I relied on you a lot. It was my first time in this situation, so I was angry and I don't think that I am able to communicate the best so that partially caused this. I think that we should take some time from each other to calm down. Hopefully, next time we meet we are friends and have put aside our differences. I hope you know that I really am sincerely sorry about the way things worked out and hope you the best in the future. Someday maybe we can get along again.

Sincerely Tiffany Bang

다시 다가가기

나는 미국에서 유튜브 영상을 만들기 시작했다. 가장 친한 사람이었기에 그 친구와의 시간이 영상에 가장 많이 담겨 있었다. 영상을 올리기 위해서는 친구의 허락이 필요했고, 그 계기로 말을 걸기로 결심했다. 화학 시간에 옆자리에 앉아 말을 걸었고, 결과적으로 예전과 같은 자연스러운 대화가 펼쳐졌다. 처음에는 살짝 어색한 느낌이 있었지만, 시간이 흐름에 따라 현재는 더 좋은 관계로 회복되었다.

느낀점

편지가 큰 역할을 했다고 생각한다. 어쩌면 더 빠른 화해가 가능했을지도 모른다는 생각도 든다. 그러나 지금은 좋은 결과를 얻었기에 만족스럽다. 화해의 기쁨은 말로 표현하기 어렵게 크게 느껴지고, 소중한 친구와 함께 보낼 수 있는 행복한 순간들이 더욱 가치 있게 느껴진다.

호스트 갈등과 변경

호스트를 변경했다.

첫 호스트 가족들

처음 미국에 발을 내디딘 날, 새벽 비행으로 늦은 밤에 도착했다. 호스트 부모님께서 집으로부터 2시간 거리인 공항에 오셔서 처음 만났을 때 설렜던 기억이 있다. 행실을 잘해서 불편하게 하지 않기로 다짐했다. 하지만, 호스트 생활은 쉽지 않았다. 학교를 다녀오면 집에 아무도 없어 외롭다는 생각을 많이 했다. 집에 오면 3시쯤이었고, 가족들은 일을 마치고 집에 돌아오면 6시 정도가 되었다. 초반에는 친구들을 사귀기보다는 환경과 문화에 차차 적응하는 데 집중했다. 그래서 그 당시에는 친구도 없고 집에 있는 시간이 너무 지루했다. 미국에 가서 제일 해야 할 것은 나에 대해 생각을 많이 해보는 것이다. 한국에서는 학교, 학원을 다니느라 생각을 안 해본 것이다. 그래서 이 시간을 영어 공부나 진로에 대해 고민하고, 밖에 나가 미국 풍경을 즐겼다. 굉장히 독립적인 생활을 경험할 수 있었고, 나쁘지 않았다.

첫 호스트, 불편했던 점

사소하지만 정말 불편했던 일이다. 차고 문이 고장이 나서 잘 열리지 않았다. 여러 번 비밀번호를 누르고 계속 시도하다 보면 열리는 식이었다. Kenzie와 테니스를 친 후, 밥을 먹고 Kenzie가 집에 데려다주었다. 이 날은 유난히 계속 시도해도 차고 문이 열릴 생각을 안 했다.

Kenzie는 가야 하는데 나는 집에 들어가지 못하는 상황이고, 답답했다. 그래서 생각해 낸 방법은 창문으로 들어가는 것이었다. 그래서 밖에서 열려있는 창문이 있는지 확인하기 시작했다. 내 방 쪽 창문이 열려 있었고 그곳을 통해 들어가기로 결정했다. 내가 사는 집을 도둑처럼 들어가는 꼴이었다.

이 이후로 여러 번 더 안 열려 힘든 적이 있었지만 더 이상 창문으로 들어가지는 않았다. 창문만 봐도 무서웠다. 내가 들어올 수 있었다는 것은 다른 사람도 가능했을 것이고 창문 밖에서 눈알이 보이는 것 같았다. 호스트 부모님께 문 키를 주면 좋겠다고 말을 했고, 키를 복사해서 주겠다고 하셨다. 키를 받기까지 꽤 오래 걸렸지만 키가 있으니 편했다.

사건

언제부터인가 호스트 엄마가 일을 안 나가시고 집에 있는 날이 많아졌다. 나는 좋았다. 집에 오면 말을 할 사람이 있었기 때문이다. 하지만, 사건이 터졌다. 호스트 엄마가 자살 시도를 했다. 구급차가 오고 경찰차도 오고 가족들이 다 와서 상황을 수습하느라 분주했다. 호스트 엄마가 방에서 소리 지르고, 호스트 엄마 부모님이 오셔서 안정시키셨다. 호스트 엄마는 정신적으로 힘들어서 최소 2주간 병원에 가 있을 것이라고 했다. 원래 매일 아침에 호스트 엄마가 나를 학교에 데려다주셨는데 이제는 호스트 아빠가 해주신다고 했다. Gabe라는 5살 아들이 있는데, 아기 학교 준비도 돕다 보면 아침이 매우 바빠질 것 같았다. 그래도 뭐 어쩔 수 없지.

예상치 못한 폭풍우

사건 이후 다음날, 학교에 있는데 호스트 아빠한테서 문자가 왔다. 집에 많은 일들이 돌아가고 있어서 호스트 하기가 어렵다는 내용이었다. 내가 머무를 수 있는 다른 곳을 찾기까지는 집에 있어도 괜찮다고 했다. 그래도 최소 2주 안에는 준비해 주었으면 좋겠다고 했다. 이런 상황이 닥치자 무서웠다. 호스트 시스터는 내가 호스트를 찾지 못하면 한국에 돌아가는 가능성도 고려하고 있어야 한다고 했다.

한국에 있는 엄마, 아빠한테 이 상황을 전했다. 엄마, 아빠 목소리를 전화로 들으니까 서럽고, 무섭고, 걱정돼서 눈물이 쏟아졌다. 일단 침착하라고 다 잘 해결될 거라고 하셨다. 일단 마음을 추스르고 학교에 가서 알고 있는 모든 친구들에게 도움을 요청하기로 했다.

Hey Tiff I'll talk to you after I get home from work but with all the stuff going on, I spoke to ▓▓▓ and we're going to have a different host family for you. ▓▓▓ is going to be gone for a long while and there's just a lot going on at home. You're a great person don't take this in a bad way, I just need to focus on getting my house back in order. There's a lot of stuff out of my control and this is for the best. You don't need to be around all this stuff. I don't want you to see me and hope arguing or ▓▓▓ screaming or ▓▓▓ kicking doors in. You're awesome Tiffany. ▓▓▓ will be getting in contact with you and your family to see which family can host you. I told them you could stay at my house until everything is ready

I got it I'll look for a new host that I can stay through my friends That will be okay?

괜찮아 할 수 있어

 학교에서 친구들한테 이 상황을 설명했다. 친구들은 페이스북에 호스트를 찾는 게시물을 올려주었다. 나를 도와주려는 사람이 있어 감사했다. 지역 관리자분은 내가 학교에서 호스트해 줄 수 있는 사람을 찾을 수 있는지 계속 물어봤다. 이렇게 갑자기 나를 5개월 동안 머무르게 해줄 사람을 찾는 게 쉬울 리가 없다. 그런 나에게 아무것도 해주지 않으면서 계속 네 주변 사람들 중에서 찾을 수 있냐고 물어보는 지역 관리자가 답답했다.

 그러던 중, 학교를 마치고 생각에 빠져 있을 때 모르는 사람한테 전화가 왔다. 전화를 받아보니, 다니던 교회에서 만난 할머니, 할아버지였다. Pizza Inn이라는 곳에서 같이 저녁을 먹으면 어떻겠냐고 하셨다. 학교도 끝났고, 집에 있었던 터라 알겠다고 했다. 알고 보니, 호스트를 할지 고민 중이셨다. 한 번도 해본 적이 없으셔서 절차가 어떻게 되는지, 어떻게 해야 하는지 궁금하셔서 먼저 만나서 이야기해보고 싶으셨던 것이다. 지역 관리자분 연락처를 드리고 서류 절차를 차근차근 하면 된다고 말씀드렸다. 어려운 것은 없을 테니 걱정하지 마시라고 전했다. 저녁을 다 먹고, 집이 어떤지 구경해 보지 않겠냐고 하셔서 그러면 너무 감사하다고 집 구경까지 하고 나를 집에 데려다주셨다.

해냈다

 일주일 동안 서류 절차가 빠르게 진행되었고, 이사를 했다. 새로운 가족과 함께하는 새로운 루틴이 생기면서 빠르게 적응해나갔다. 다른 나라에서 혼자 온 나에게 많은 관심과 사랑을 주셨고, 이때부터 영어를 말하는 것이나, 나에 대해서 자신감이 생기기 시작했다. 매일 아침 6시 반에는 아침을 항상 챙겨 주셨다. 또, 매일 학교가 끝나면 학교로 나를 데리러 오셨고, 학교에서 있었던 일들을 이야기하는 게 너무 재밌었다. 영어 단어가 생각이 안 나거나 말이 막힐 때는 내가 선택할 수 있는 단어들을 나열해 주셔서 영어 공부에도 도움이 많이 되었다.

 한국에 있는 엄마, 아빠한테 이 소식을 전했다. 엄마, 아빠는 너무 감사하다고 아마존으로 한국 음식과 나전칠기 악세서리 보관함, 젓가락 세트 등을 보내주셨다. 집에서 함께 선물을 뜯으면서 무엇인지 설명해 드렸다. 남은 시간 동안 잘해드리고 불편하게 해드리면 안 되겠다는 다짐을 더 굳게 했다.

느낀점

 막상 이런 일이 처음 닥쳤을 때는 세상이 무너지는 것 같았고, 할 수 없을 것 같다는 생각이 먼저 들었다. 하지만, 좋은 사람들 덕분에 잘 해결할 수 있었고 포기하지 않고 내가 호스트를 찾을 수 있도록 도움을 준 내 친구들한테 고마움을 느낀다. 또한, 무엇보다 큰 결심을 해주신 할머니, 할아버지께 말로 표현할 수 없는 감사함을 전한다. Thanks to Gary and Debbie McKown.

Easter Day

부활절

 두 번째 홈스테이 가족들과의 생활에서 다가온 부활절이다. 한국에서도 교회에서 매년 기념했던 날이었지만 이번 부활절은 다르다. 미국에서 보내는 부활절이다. 미국은 부활절 전통 음식이 있다고 하셨다. 집집마다 다르겠지만 우리는 계란을 식용색소로 염색하고 노른자로 샐러드를 만들어서 요리를 만들었다. 또 고기와 롤(bread rolls)도 같이 먹었다. 너무 맛있었다. 미국에 있는 동안 항상 올바른 방향으로 인도해주시고 또 문제를 좋은 방향으로 해결해주신 하나님의 사랑을 다시 한번 생각하게 되었다.

교회를 찾았다

 나는 매주일마다 교회를 가는 것이 당연하다. 그래서 미국에 가기 전, 첫 번째 호스트 부모님께 교회를 다니시는지 물어봤었다. 첫 호스트 가족들은 교회를 매주 일요일마다 간다고 하였다. 하지만 막상 미국에 가보니 일요일 아침에 모두가 늦게 일어났다. 교회를 안 갔다. 일요일 주말 조용한 집에서 무의미한 시간을 보낸다는 생각이 들었다. 옷을 갈아입고 무작정 밖을 나가 산책을 했다. 무척이나 더운 날이어서 땀이 났다. 하지만 지나가면서 이웃들한테 "Hi! How are you?"하며 인사를 하는 신기한 문화를 경험하고 기분이 상쾌해졌다. 그러다가 street 끝자락에 낡은 건물이 하나 보였다. 건물 입구에 팻말이 하나 있었는데 Crossroads of Hope라고 적혀 있었다. 그리고 밑에는 예배 시간들이 적혀 있었다. 그 순간 '여기가 교회일 수도 있겠구나'라는 생각이 들었다. 예배 시간이 지나서 다음 주에 시간을 맞추어 가보기로 했다. 걸어서 15분 거리였고 진짜 교회라면 혼자서 다닐 수 있을 만한 거리여서 충분한 가능성을 느꼈다.

한발짝 나아가기

 다음 주 일요일, 집에서 일찍 나왔다. 다시 길을 상기시키며 낡은 건물에 도착했다. 주차장에 차들이 주차되어 있었다. 사람들이 있는 것 같았다. 문을 열고 들어갔다. 문 손잡이를 잡았을 때의 그 떨림을 아직도 잊을 수 없다. 건물 안에 갱스터가 있을 수도 있었고 나쁜 사람들이 있을 가능성이 충분히 있었다. 건물에 들어섰을 땐 한 할머니께서 계셨다. "Hello? I was looking for church. Did I find right?" 하니 처음엔 당황하셨지만 바로 환영해주셨다. 할머니 할아버지들이 주로 다니는 교회였다. 학교는 어디 다니고 있는지, 어디서 왔는지, 무슨 학년인지 등등 많은 질문들을 하셨다. 아직 영어에 미숙했을 때라 질문을 오해석하고 대답해서 나를 대학생으로 알고 계셨던 웃긴 상황이 있었다. 산책하다 우연히 찾게 된 교회인데 좋은 교회여서 마음이 편해졌다. 이 날 예배를 드릴 때 감회가 새로웠다. 혼자서 할 수 있다는 것에 나는 내가 기특했다.

교회를 다닌다

 이제 미국에서도 매주 일요일은 교회를 간다. 호스트 가족들은 주무시고 있기에 문자로 "I'm going to church"를 보내고 걸어서 교회를 다니기 시작했다. 시간이 지나고 겨울이 되며 날씨가 많이 추워지기 시작했다. 걸어서 교회를 다니는 것을 아시고 교회 분께서 픽업을 해주시겠다고 하셨다. 집으로 오셔서 픽업을 해주신다니 너무 감사했다. 우연히 찾게 된 교회였지만 너무 많은 사랑을 느낄 수 있었다. 마지막 주 주일에는 meal day라고 예배 끝나고 다 같이 식당에 가서 점심을 먹는다. 나는 그 시간이 너무 행복했다. 모두 함께 이야기를 나누며 마음이 편안해지고 함께 웃을 수 있는 소중한 시간이었다. 한국으로 돌아가야 한다 해도 나중에 어른이 되서 교회 분들을 다시 만나 감사를 전하고 싶다. 그만큼 내가 미국에서 버틸 수 있고 학교에서 살 힘을 얻을 수 있었던 곳이었다.

Testimony

내가 살던 홈스테이에서 문제가 생겼다. 갑작스럽게 새로운 홈스테이를 찾아야 한다는 호스트 아빠의 문자를 받았다. 2주 안에 찾아서 바꿔줬으면 좋겠다는 말이었다. 못 찾으면 한국으로 돌아가야 할지도 모른다는 호스트 시스터의 말이 나를 더 무섭게 했다. 내 인생은 왜 이러지 하며 엄마랑 보이스톡으로 하며 울었다. 학교에 아는 친구들한테 홈스테이 할 수 있는 사람을 아는지 물어보고 다녔다. 친구들이 Facebook에 홈스테이 찾는 게시물을 올려주며 새로운 홈스테이를 찾아다녔다. 주일 날 교회를 가서 나의 상황을 전달했다. 다 함께 기도할 때 어느 분께서 내 어깨에 손을 얹고 기도를 해주셨다. 잘 해결될 수 있을 것 같은 기분으로 다시 학교를 다니고 일주일을 보냈다.

학교 끝나고 집에서 호스트 시스터와 이야기하던 중 알 수 없는 번호에서 전화가 왔다. 전화를 받아보니 교회 분이셨다. 같이 밥을 먹으러 갈 수 있냐고 물어보셨다. 그래서 밥을 먹으며 대화를 나누는데, *"We can do the host for you. But we've never done before such this (Host) thing. Are there like complex processes?"*를 물어보셨다. 홈스테이를 하실 수 있는데 한 번도 해본 적이 없으시기에 서류 과정이나 검사 과정이 있는지를 물어보셨다. 지구 반대편에서 온 낯선 사람일 수도 있는 아시안 사람이다. 그런데 나를 위해 홈스테이를 어렵게 결정하셨을 것을 생각하니 죽을 때까지 이 감사함을 잊을 수 없을 것이다.

2일도 안 되어서 지역 관리자와 서류 과정이 다 이루어지고 두 번째 호스트 집으로 이사를 하게 되었다. 많은 이야기를 나누고 너무 편하게 생활할 수 있게 해주셔서 적응은 어렵지 않았다. 어떻게 나를 홈스테이 할 수 있겠다고 결정할 수 있었던 것이 항상 궁금했다. 여쭤보니, *"We fell in love with you the moment you walked into our church through the front door, all by yourself. Your smile and your courage were truly amazing. It's incredible how you discovered our church because you genuinely wanted to attend. We prayed a lot."*라고 하셨다. 지금 다니고 있는 교회에 들어섰을 때 나의 용기에 인상 깊으셨다고 하셨다. 그리고 기도를 하셨고 결정을 할 수 있었다고 하셨다. 여기서 모든 연결고리가 모두 하나님이 하셨다는 생각이 안 들 수가 없었고 나는 이분들의 이 말씀을 들었을 때 소름이 돋았고 더 잘해야겠다는 생각과 너무 감사하는 생각이었다.

도난

 미국에서 돈이 계속 사라지는 경험을 했다. 친구 Cate(가명)를 의심했지만 사실을 알 수 없었다. 돈이 계속해서 사라지니 내가 간수를 제대로 하지 않았다는 생각에 마음이 답답했다.

의심하다

Cate가 집에 놀러 온 후마다 물건이 사라지는 걸 알아챘다. 내가 잃어버린 걸 수도 있기에 의심하고 싶지 않았지만 기분이 싸했다. 의지를 많이 하고 있는 호스트 부모님들과 이 상황에 대해 상의했다. 그분들은 물증이 없으니 내가 이제부터 잘 간수하는 수밖에 없다고 말씀하셨다. 결국 나는 그때부터 Cate가 놀러 오고 싶다고 할 때마다 거절했다. 거절하는 것은 친구에게 조금 어려웠지만 호스트 부모님들이 옆에 계셔서 용기를 낼 수 있었다. 당시 미국에서 친구들을 사귀고 싶은 마음에 친구들한테 휘둘리는 나였다. 그래서 거절하는 것이 더욱 힘들었던 것도 있다.

내가 문제인 거야

Cate가 집에 오는 것을 멈추기 시작한 후 시간이 흘렀다. Cate와 다른 두 명의 친구들과 함께 St. Louis에 놀러 가기로 계획했다. 내가 이 지역에 새로 왔고 다른 한 명의 친구도 캘리포니아에서 이사를 온 지 얼마 안 됐기에 친구들이 도시를 소개해주고 싶어 했다. 나는 미주리의 아무것도 없는 시골에 살고 있었기에 그런 제안을 해준 친구들이 고마웠다.

옆으로 매는 가방에 쇼핑을 할 수 있게 지갑도 챙겼다. 차로 가는 도중에 배가 아파지기 시작했다. 그래서 어쩔 수 없이 주유소에 들렀어야 했다. 화장실에 갔다가 차로 돌아왔는데 내가 가방을 같이 안 가져갔다는 것을 깨달았다. 혹시 몰라서 지갑을 확인해보니 '현금' 자체가 사라져 있었다. 나는 말이 없어졌고 Cate를 의심할 수밖에 없었다. 하지만 화를 낼 수 없었다. 행복한 girl's trip을 하는 것이 계획이었고 그것을 망치고 싶지 않았다. 정말 호구같이 간수를 제대로 하지 않았지만 말도 못 해봤다. 그래도 도시 구경은 새롭고 재밌었다.

끝까지 나한테 왜 그래

출국 전 마지막 날이었다. 친한 친구들을 불러서 영화를 보기로 했다. 친한 친구들이 Cate와도 친구여서 초대할 수밖에 없었다. 그래서 Cate도 Movie Night에 참석했다. 다른 친구 한 명의 가방과 출국 준비를 마친 나의 짐들이 내 방에 있었다. 아무것도 모르고 수다도 떨고 작별 인사도 하며 좋은 시간을 보내며 놀았다. 하지만 모두 집에 돌아간 후에 친구와 나의 돈이 없어졌다는 것을 알게 되었다. 지갑에 '현금'만 사라져 있었다. Cate를 의심할 수밖에 없었다. 너무 화가 났고 돈을 계속 내어주었던 나 자신이 싫었고 화가 너무 나서 눈물이 났다.

Movie Night에 참석한 친구들과 함께 단체방을 만들어서 그날 밤

돈을 훔친 사람이 있다고 말했다. Cate는 이미 변명을 준비해 놓은 듯했다. 자신도 그날 지갑을 잃어버렸다고 주장했다. 그런데 그것은 분명한 거짓말이었다. 파란 지갑을 잃어버렸다고 주장했는데, 1년 동안 Cate와 함께 다녔을 때 한 번도 그 지갑을 본 적이 없었다. 그런데 그 지갑을 갑자기 영화 보는 날에 들고 온다는 것이 믿음이 안 갔다. Cate는 단체방에서 우리 집에 CCTV가 있다고 그걸 확인해보면 되는 거 아니냐고 대화 흐름을 이끌어갔다. 카메라가 있는 것을 알았으면 내 방에 없는 것을 알고 있었을 것이다. 그런데도 혼란스럽게 대화를 이끌어갔고, 머리만 더 아파져 갔다. 훔쳤다고 자백을 끝까지 하지 않자 소름이 끼쳤고, 그동안 Cate를 친구로 생각했던 것을 후회했다.

결론

모두에게 말해주고 싶은 것은 나라가 선진국이라고 해서 사람도 선진국은 아니라는 것이다. 나는 한국 문화에 익숙해져 가방을 함께 가지고 다니지 않는 일이 많았고, 자꾸 내 물건 간수를 잘 하지 못해 분통했다. 내 자신이 너무 싫었다. 나와 같은 학생들은 미국에 가서 실수를 하는 것이 당연하다. 한국 문화는 워낙 정직하고 보안이 잘 되어 있다 보니 이런 도난에 대해 걱정을 해본 적이 없었다. 이런 일을 겪으면서도 호스트 부모님께서는 나에게 엄청난 것을 배운 것이라고 하셨다. 교환학생으로 가서 방이 생기면 자신만 아는 비밀 공간을 만들거나 금고를 가져가는 것도 좋다.

PART 04

마치며

한국과 미국의 교육제도

한국의 교육 제도

경쟁 구조와 등급 나누기로 인한 스트레스

한국에서는 많은 학업 양으로 인해 스트레스를 받았다. 수행평가, 각종 대회, 임원활동, 내신 등을 위해 해야 할 일이 많았다. 이것들을 해내는 것은 자랑스럽기도 했지만 동시에 힘들었다.

한정된 시간과 불안감

학교가 끝나면 스터디 카페에 가서 공부를 했지만, 시간이 항상 부족했다. 학교에서도 친구들과 시간을 보낼 수 있었지만, 공부에 집중하기 위해 혼자 시간을 보내기도 했다. 공부 양과 친구들과 함께하는 시간 간의 균형을 맞추는 것이 어려웠다.

입시 제도

한국의 입시는 수능과 학교생활기록부의 성적, 그리고 다른 요소들을 반영한다. 수능은 대학 진학 여부를 결정짓는 1년에 한 번 있는 중요한 시험 중 하나이다. 최근에는 대학에 진학하기 위해 몇 년 동안 더 공부하는 사람들도 많아졌다.

미국의 교육 제도

기초 공부와 자율성 강조

수학 수업을 기준으로 느낀 점이다. 수업 내용은 한국에서 이미 배운 것들이었다. 선행 학습이 없어서 학원에서 기초를 알려줄 때의 수업 내용과 비슷했다. 수업에 집중하는 학생들은 어렵지 않게 시험 문제를 풀었고 좋은 점수를 받았다. 한국에서 보통 "킬러 문제"로 불리는 어려운 문제는 거의 나오지 않았다. 대부분 간단한 계산 문제였다.

수업 시간에 집중하고 할당된 숙제를 그날 모두 제출하면 방과 후 시간에는 많은 활동을 할 수 있다. 수업이 2~3시에 끝나기 때문에 스포츠 대회나 연습할 시간이 충분했다. 자유롭게 원하는 클럽에 참여하고 친구들과 시간을 보낼 수 있었다. 방과 후 활동의 다양성이 제일 큰 장점이었다.

공부와 친구들과의 시간

미국에서는 친구들과의 시간뿐만 아니라 동아리나 스포츠에도 많은 시간을 쏟을 수 있었다. 또한, 스터디를 통해 친구들과 함께 공부하는 것도 가능했으며, 이 점은 나에게 동기부여를 주었다.

입시 시험의 다양성과 여유

GPA, ACT, SAT의 성적을 바탕으로 대학 진학 여부가 결정된다. 이 외에 봉사활동, 동아리 활동, 스포츠 활동도 반영한다. GPA는 내신이고 SAT, ACT는 수능이라고 생각하면 된다. 시험을 치를 수 있는 기회가 최소 7번 있다. SAT 시험을 치러봤는데 친구들 중에 이 시험을 보는 친구가 꽤 있어서 같이 모여 공부를 하니 많은 도움이 되었다.

복잡한 인생

미국에 온 후에도 내가 기대했던 대로 삶은 흘러가지 않았다. 계획을 세우고 기대했던 것들이 현실에서 이루어지는 것은 쉽지 않았다. 유튜브 영상을 시작해보려 했지만, 적응하는 데에 바쁜 나날로 인해 2-3개 영상밖에 올리지 못했다. 그래서 한 영상을 만들 때 열심히 만들고 있다. 또한, TOEFL이나 SAT와 같은 시험 공부는 전혀 진행하지 못하고 있다. 초반에 조금 한 공부 이외에 나간 진도가 없었다. 이 이유는 집에 오면 극도로 심한 피곤함을 느끼는데, 정확한 이유는 알 수 없다. 하지만, 계속 영어를 사용하고 친구 관계에 예민해져 있어서 그런 것이 아닐까 예상해본다.

별개로, 친구들을 사귀고 영어 실력을 향상시키려는 목표는 조금씩 이루어지고 있는 듯했다. 처음에는 말을 이해하지 못하고 열정만 앞선 채 아무것도 모르고 말을 이리저리 걸고 다녔다. 하지만, 점점 영어가 들리기 시작하고 여러 명의 친구들과 친해지며 새로운 친구들에게 말을 거는 것에 있어 한 번 더 생각하게 되었다. 굳이 힘을 써서 말을 걸 필요가 없다는 생각이 들었고, 나에게 먼저 말을 거는 친구들 위주로 어색하지 않게 대화를 할 수 있도록 노력했다. 나의 영어 실력에 대해 자신이 없었지만 친구들이 "오? 방금 완전 미국인 같았다!"는 말을 가끔 해주면 기분이 좋았다.

　나는 머리 속으로 계획을 세우고 계획표에도 적어놓지만, 실행에 옮기는 것은 작심삼일이다. 모든 것을 잘하고 싶지만, 뜻대로 이루어지지 않는다. 하지만, 생각해보면 계획대로 되지는 않았어도 얻은 것들도 있다. 공부라는 계획을 세웠지만, 실행하지 못해도 얻는 친구들과의 즐거운 시간. 유튜브 영상을 마무리하지 못했지만, 이 계획 덕분에 추억으로 남길 수 있는 사진과 영상들이 쌓였다. 처음에는 영어로 말하는 것이 무섭고 어려웠다. 하지만, 영어 실력을 높이고 싶은 목표 덕분에 얻은 모르는 것을 물어볼 수 있는 용기. 인생을 살면서 마음대로 되지 않는 것 같아 무기력했지만, 이 글을 쓰면서 내가 '계획'이라도 했기 때문에 달라진 것이 있다는 걸 깨달았다.

　모든 것이 순조로울 수는 없다. 이 때문에 때로는 소심해지고 우울해지기도 한다. 너무 많은 생각을 했던 것이 비효율적이었다는 생각이 든다. 그냥 흘러가는 대로 살아가자. 과도한 생각하지 말고 무식하게 살자.

감사 일기

 나는 많은 사람들을 만났고, 계속 새로운 사람들을 만나고 있다. 수많은 사람들 중에서 오랫동안 관계를 유지하기도 하지만 가끔은 잊어버리기도 한다. 그러나 그 관계들 중에서도 잊을 수 없는 감사한 분들이 있다. 배우고 싶은 부분이 많았던 친구들. 그리고 내가 더 지혜롭게 선택하고 행동할 수 있도록 그들만의 삶에서 배운 교훈들을 나에게 전해 준 어른들도 있다.

 나는 그 중에서도 새로 만난 호스트 부모님들에 대해 기록하고 싶다. 미국에서 교회를 다닐 때 만난 호스트 부모님이다. 미국에 오기 전, 미국에서 하고 싶은 것들이 많았다. 스포츠도 잘 해내고 싶었고, 학업, 그리고 친구들과의 관계도 잘 해내길 바랐다. 그 바람을 이루도록 나를 진심으로 응원해 주셨다. 그런 와중에 잘못된 선택을 했을 때는 따끔히 말해주셨다. 그 덕분에 다음에는 실망시키지 않기 위해 행동 하나하나 더 생각하게 되었다. 미국에서 제일 의지하고 믿을 수 있는 분들이다.

 최근에 나는 한국으로 돌아가서 학교를 마무리할지, 미국에서 학교를 이어갈지에 대해 많은 고민을 하고 있다. 미국에서 학교를 이어가면 대학까지 비용이 만만치 않고, 가족들과 시간을 많이 보내지 못하게 된다.

엄마, 아빠랑 수다 떨고 웃으면서 이야기를 했던 시간들이 많이 그립다. 그러면서 나는 미국에서 학교생활을 만족하고 있기 때문에 미국에서 학교를 다니고 싶다. 이 부분에 대해서 호스트 부모님들은 진심으로 현실적인 조언을 해주신다. 또, 조금이라도 생각을 덜어주기 위해 2시간이고 3시간이고 함께 이야기를 나누어 주신다. 나를 걱정하는 마음과 사랑해주는 지금의 호스트 부모님에게 감사하다.

뿐만 아니라 학교를 다니면서 새로 시작하게 된 트랙(스포츠)을 꾸준히 할 수 있도록 도와주셨다. 매일매일 연습하는 곳으로 나를 데리러 와주셨다. 그리고 오랜 달리기로 아픈 다리에 관심을 가져주셨고, 포기하지 않도록 힘을 불어넣어 주셨다.

새롭게 도전하는 모든 것들을 최선을 다해서 할 수 있게 지원해주셨고, 미국에서 최대한 다양한 경험을 하고 한국에 돌아갈 수 있도록 도와주신다. 이렇게 좋은 분들을 만날 수 있게 해준 하나님께 매일매일 감사하다는 생각을 한다. 또한, 아무것도 하지 않는 것이 아니라 새로운 것을 해보려는 마음을 가질 수 있게 해준 것에도 감사하다.

진로 결정

나의 장래희망

미국에 가기 전, 고등학교 1학년 때 나는 장래희망을 변경했다. 처음에는 아나운서가 되고 싶어 방송부 면접에 합격하여 방송부 아나운서로 활동했다. 하지만 학교 방송과 실제 직업으로서의 방송은 내가 생각했던 것과는 차이가 있었고, 나에게 맞지 않는다고 느꼈다. 그 후 의사가 되고 싶다는 꿈을 키웠다. 학교에서 주기적으로 하는 창의적 체험활동 시간에는 생기부 작성을 위한 장래희망 발표가 있었고, 그때 의사에 대한 발표를 했다. 이후 나는 의사라는 꿈을 안고 미국으로 떠났다.

생각하기

미국에서는 어른들이 고등학교 졸업에 대해 묻는 질문으로 "What do you want to do when you finish school?"(장래희망이 뭐니?)가 있다. 이 질문에 나는 "의사가 되고 싶어요"라고 대답하곤 했다. 의사가 되면 어떤 분야를 희망하냐는 질문에는 피부과에 관심이 있다고 말했다. 그러나 의사가 되기 위한 구체적인 계획을 세우지 않았기 때문에 대학에 대해서는 자세한 내용을 말할 수 없었다. 한국으로 귀국한 이후의 나의 인생 길에 대한 명확한 방향이 잡히지 않아 불안한 마음이 들었다.

그러다가 미국에서 보내는 이 시간을 나만의 진로를 탐색하는 데에 사용해야겠다는 생각이 떠올랐다. 한국으로의 귀국이 다가오는 상황에서 나의 미래에 대해 명확한 결정을 내리기로 했다.

1st 아이디어_미국 사립학교

당시에 나는 미국의 고등학교 생활이 즐겁고 학업과 학업 외 활동들이 풍부하게 이루어지는 경험들이 좋아서, 미국에서의 고등학교 생활을 이어가고자 사립학교를 찾아보기 시작했다. 인터넷으로 찾은 학교들의 홈페이지를 방문하여 입학 상담 연락처에 전화를 해보기도 했고, 또한 이메일을 통해 학교들과 소통하면서 가능한 장학금 등에 대해 알아보기도 했다.

2nd 아이디어_검정고시

그러나 각 학교 후보들을 살펴보며 생각을 정리해보니, 미국의 고등학교라 해서 한국과 큰 차이가 없다는 생각이 들었다. 다만, 다른 문화를 경험하기 위한 흥미로움 때문에 미국 사립학교 진학이라는 목표가 생긴 것이었다. 가족들과 상의한 결과, 한국에서도 진행 가능한 더 좋은 방법이 있을 것 같았다. 한국으로 귀국하고 검정고시를 통해 고등학교를 다니지 않아도 되기에 최대 1년이라는 여유의 시간을 확보하는 방향으로 결정했다.

확정

엄마와 함께 한국 대학을 갈 수 있는 방향으로 대학 요건들을 찾아보았다. 그러던 중 헝가리 의대라는 학교를 알게 되었다. 입학 시험을 통과하면 해당 의대에 입학이 가능한 구조로 진행된다고 했다. 입학 시험에서 요구되는 과목은 화학, 생물, 영어라고 했다. 영어로 보는 구술 시험도 본다고 했다. 한국에서는 해당 입학 시험을 대비할 수 있는 학원도 있어 도전해볼 수 있을 것 같았다.

미리 준비할 필요가 있는 것은 토익 시험과 검정고시였다. 서류 전형에서 요구되는 시험들이라고 했다. 이때부터 나는 조금씩 토익 공부를 시작했다. 5월에 한국에 귀국하여 3개월간 준비를 한 뒤 8월에 열리는 검정고시를 볼 것이다. 한국에 도착해서 본격적으로 공부를 시작하고 시험에서 좋은 결과를 얻어, 미래에 대한 새로운 방향을 찾으면 좋겠다.

엄마, 아빠

미국에서 엄마와 아빠랑 떨어져 살아보면서 부모님의 감사함을 정말 많이 느꼈다. 그리고 많이 보고 싶었다. 나의 행복하고 값진 경험을 위해 미국에 오도록 지원해 주신 것이 너무 고마웠고 미국에 있으면서 힘든 일이 있을 때마다 멀리 있지만 용기를 주고 도와주신 것에 감사하다. 내일이면 한국으로 출국하는데 가족들을 다시 만나는 게 너무 기대되고 신난다. 한국에 가면 미국에서 내가 겪은 모든 일들을 말하느라 엄마 아빠가 피곤해할 것 같다. 그래도 나는 '한국어로 이렇게 말을 하는 게 얼마 만인가' 하면서 계속 말할 거다. 엄마 아빠 사랑해요~

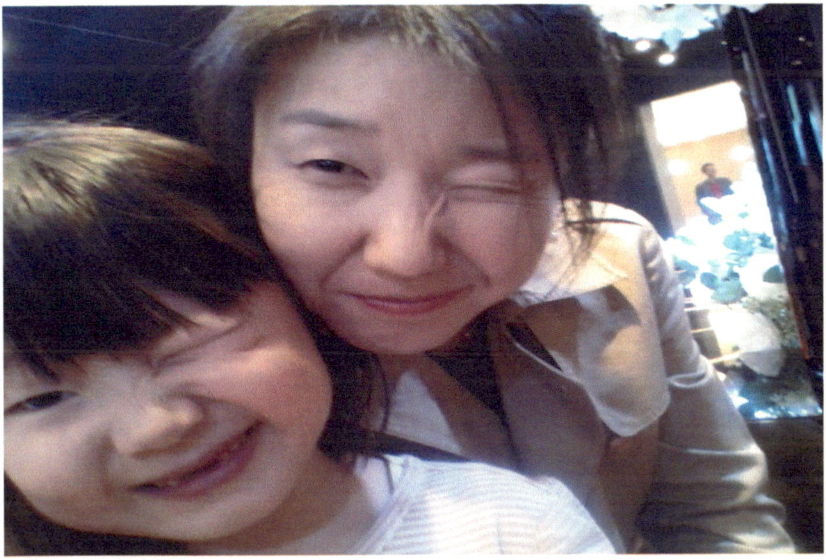

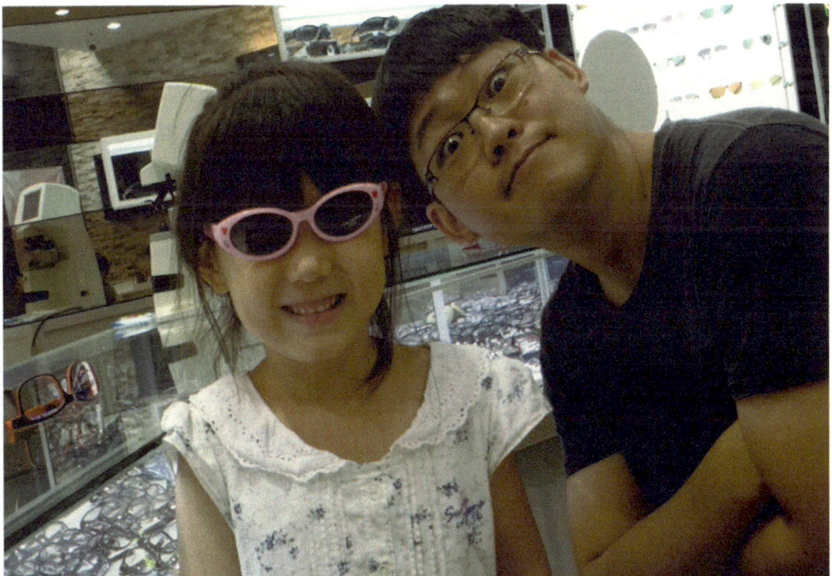

귀국하기 전 Movie Night

자주 같이 놀던 친구들을 불러 Movie Night을 가지면 좋겠다고 생각했다. 호스트 부모님께 허락을 받은 뒤 오후 6시쯤에 모두 모이기 시작했다. 영화를 틀어놓기는 했지만 거의 영화를 보지 않았고 수다를 떨며 장난을 쳤다. 10시가 되니 친구들이 슬슬 집에 가기 시작했다. "한국에 꼭 놀러 와라", "보고 싶을 거다"라고 인사를 했다. 1년 동안 좋은 경험을 만들어 준 친구들에게 고마웠다. 나중에 기회가 되면 다시 만날 수 있지 않을까?

[하지만, 이 날의 진실이 있다. ⇒ 〈CH 03-도난〉을 읽어보길 바란다. 재밌게 놀았으면 된 거지.]

한국으로 돌아간다

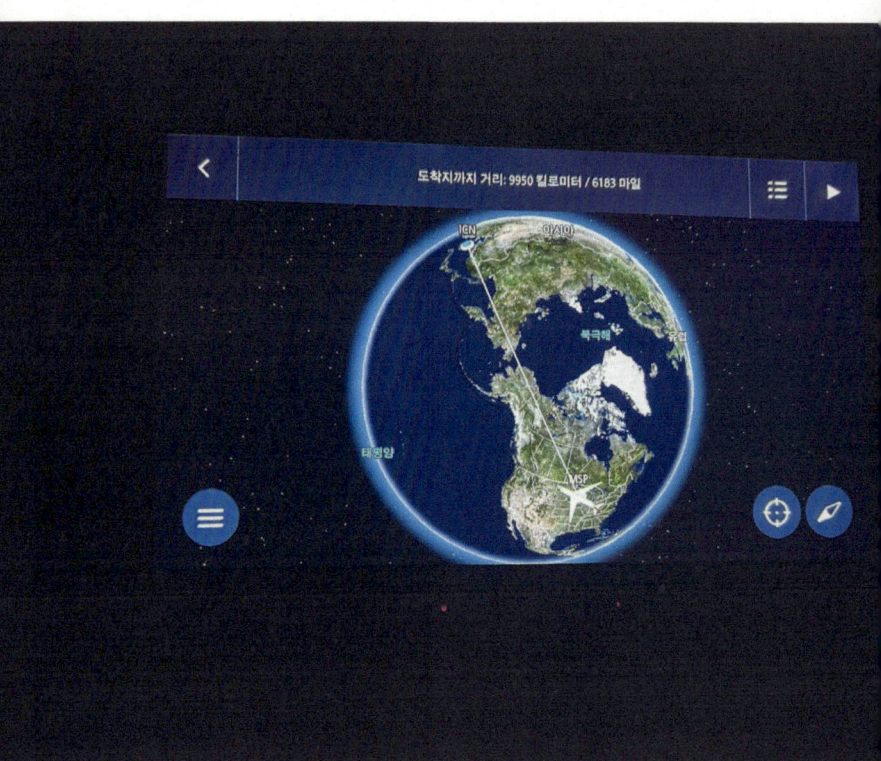

귀국하는 날이 왔다. 아침 10시 30분 비행편에 탑승하기 위해 공항에 최소 2시간 전에 도착해야 했기 때문에, 나는 새벽 5시에 일어나서 준비를 마치고 출발했다. 전날에는 짐을 미리 싸 놓아서 마음은 편안했다. 호스트 부모님께서는 바쁜 사정으로 데려다 주기 어려워서, 지역 관리자분께서 공항까지 데려다 주기로 했다.

새벽 5시, 비몽사몽 상태에서 호스트 부모님과 작별 인사를 나누고, 공항으로 향했다. 가는 도중에는 잠이 들었고, 예정 시간보다 약간 빨리 도착했다. 수화물을 체크인하고 지역 관리자분과도 작별 인사를 나누고 게이트로 향했다. 앉아서 대기하던 중, 앞에 커플이 던킨도넛을

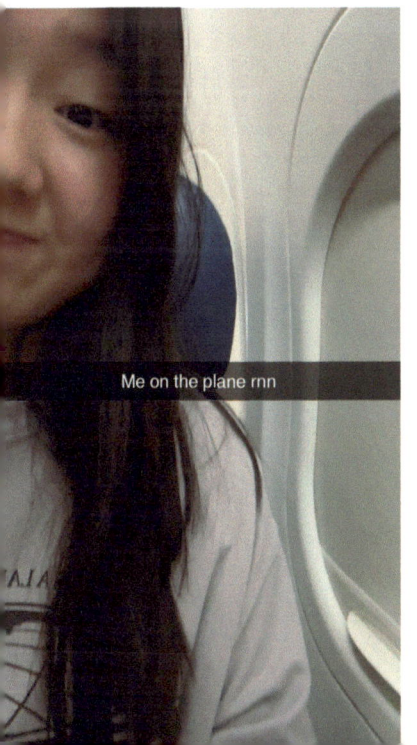

먹고 있어서 배가 고파졌다. 그래서 바로 가서 먹을 만한 것을 찾아보았고, 건물 끝자락에 던킨도넛 매장을 발견했다. 그곳에서 샌드위치를 주문해서 먹었다.

먹으면서 주변을 둘러보니 한국어 대화가 들려서 놀랐고, 그 사람들과 이야기를 나누고 싶은 충동이 들었다. 어쨌든 샌드위치를 먹고 비행기를 탑승했다.

미니애폴리스를 경유하기 때문에 다음 비행까지 시간이 조금 남아 있었다. 그래서 스타벅스에서 음료를 사서 게이트로 향했다. 그런데, 게이트로 가는 도중에 내 이름이 안내방송으로 들렸다. 급하게 비행기를 타기 위해 뛰어갔다. 다행히 비행기에 탑승할 수 있었다.

이번 비행은 특별했다. 옆자리에 앉은 대학생 언니 두 명과 친해져서 즐거운 시간을 보냈다. 한 명은 미국인이었고, 다른 한 명은 외국 대학에 다니는 한국인이었다. 내게 전공을 물어봤을 때, 고등학생이라 전공이 없다고 하니 놀랐다. 한국에서 추천하는 관광 장소, 먹어보면 좋을 것들 등을 이야기했다.

한국으로 도착해서는 입국 심사를 받으러 같이 갔는데, 서류 작성을 미리 하지 않아 급하게 쓰느라 인사를 못 하고 헤어졌다. 이후에는 짐을 찾아야 했다. 짐이 너무 많아서 카트 두 개에 나누어서 나왔는데, 혼자서는 쉽지 않았다. 하지만 나를 반겨준 가족을 보고서는 정말 기뻤

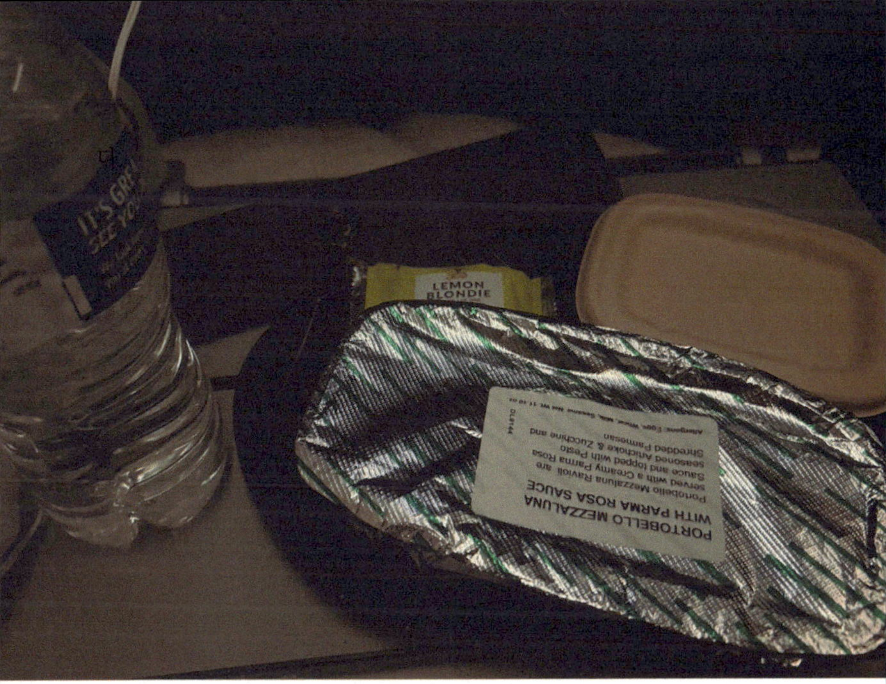

LEMON BLONDIE

PORTOBELLO MEZZALUNA WITH PARMA ROSA SAUCE

Portobello Mezzaluna Ravioli are served with a creamy Parma Rosa sauce and topped with Pesto seasoned Artichoke & Zucchini & shredded Parmesan.

다시! 한국 생활

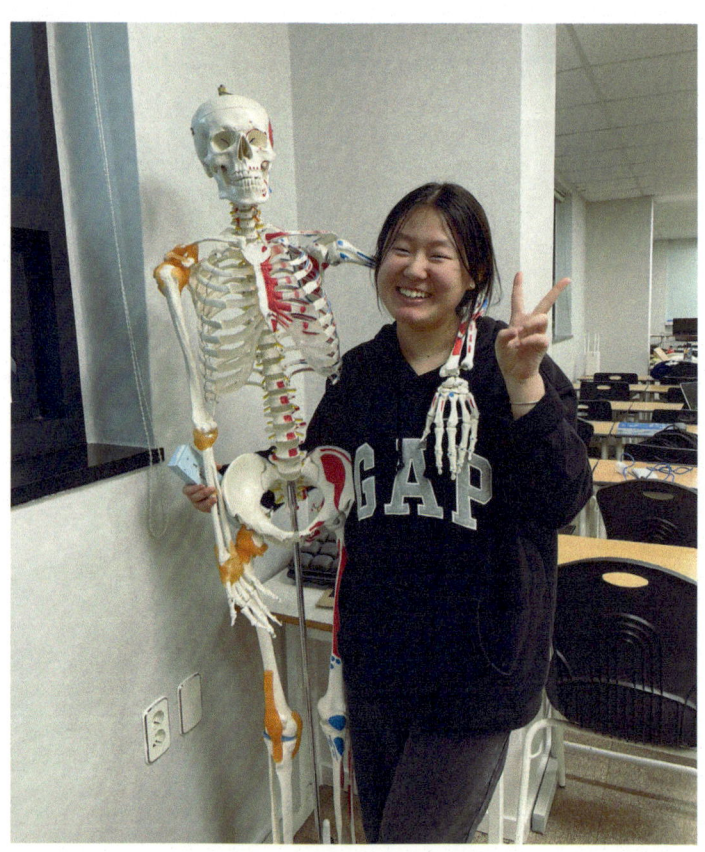

한국 귀국이 얼마 남지 않았을 무렵 진로에 대한 고민이 더 깊어져 갔었다. 미국에서 엄마와 꾸준히 전화를 해가며 고민에 고민을 하던 중이었다. 그러던 중, 간호사인 엄마께서 헝가리 의대라는 곳을 알게 되었다. 입학 시험은 화학, 생물, 영어, 그리고 구술 시험(면접)을 통해 이루어진다고 했다. 또, 이것을 준비해 주는 학원이 대치동에 있다고 했다. 교환학생을 가기 위해 고등학교 자퇴를 하고 왔으니 검정고시를 보고 대학 준비를 바로 하면 좋을 것 같았다.

5월에 한국으로 오자마자 검정고시 준비와 토익 공부를 시작했다. 8월에는 검정고시 합격과 토익 목표 점수를 받을 수 있었다. 이제 본격적으로 헝가리 의대 입시 준비를 시작했다.

처음에는 의지가 불타올라 할 수 있을 것 같았다. 하지만, 학원까지 왕복 약 3시간으로 점점 힘들어지기 시작했다. 아침 시간에는 조금만 늦게 출발해도 차가 막히고 지하철이 붐벼서 수업시간 2시간 전에 학원에 도착했다. 그래서, 아프고 힘들 때는 온라인 줌으로 집에서 수업을 듣기도 한다. 수업 속도는 빠르고 내용도 많아서 어렵다. 그래서 나는 나의 제2의 선생님인 언니, 오빠들한테 많이 물어본다. 또, 요즘에는 적응을 많이 해서 수업 시간에 바로 선생님께 질문을 하기도 한다. 점심시간에는 06년생 친구들과 먹는다. 어떤 학교 생활을 했고, 어떻게 이곳에 와서 공부를 하게 되었는지에 대해 이야기를 하며 친해질 수 있었다. 주로 마라탕, 떡볶이, 우동집, 국밥집을 간다. 거의 매일 외식을 해서 건강하지 않은 기분이 들었다. 그래서 같이 도시락을 싸오기로 했다.

    매일 새벽 6시에 일어나서 지하철을 타고 학원에 도착한다. 6시까지 수업을 듣고 집으로 간다. 학원에서 새로 만난 사람들이 좋다. 학원 가는 것은 졸리고 힘들지만 덕분에 학원에서 기운을 차리고 수업에 집중할 수 있다. 점점 편해지고 더 친해지고 있는 기분이다. 그럴수록 더 조심해서 대화하라는 엄마의 조언과 반말보다 존댓말을 쓰라는 아빠의 조언이다.

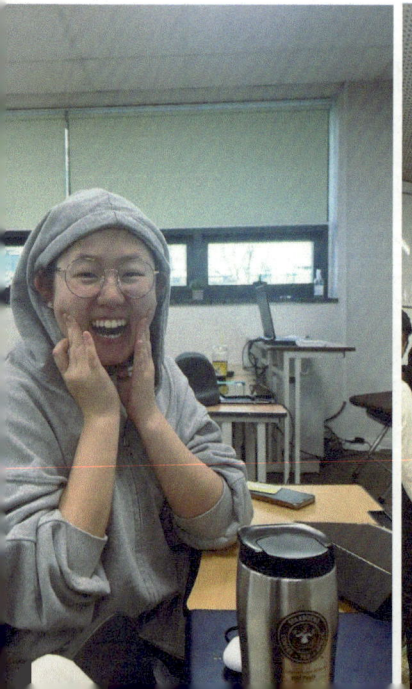

헝가리 의대 합격

헝가리에는 세 곳의 의대가 있다. 세멜바이스(Semmelweis), 세게드(Szeged), 페츠(Pecs)이다. 입학시험이 다가왔다. 헝가리 의대의 입학시험은 세 단계를 거친다. 먼저 서류 전형이 있다. 그다음으로 필기시험이 있다. 마지막으로, 필기시험에 합격하면 면대면 또는 온라인 면접이 이루어진다.

나는 페츠와 세멜바이스 대학교의 입학시험을 봤다. 페츠 입학시험을 먼저 봤다. 내가 다니던 SM프리메드 학원으로 페츠 교수님 두 분이 직접 오셨다. 그래서 필기와 면접 모두 면대면으로 이루어졌다. 세멜바이스 입학시험은 바로 다음날로 일정이 잡혔다. 이번에는 필기와 면접 모두 온라인으로 진행되었다. 가장 걱정했던 영어 면접은 생각보다 가벼운 분위기였다. 자기소개서를 기반으로 나에 대해 말하는 질문이 많았다. 그리고, 생물이나 화학에 대한 질문은 호기심이나 사고력을 확인하는 느낌이었다. 정답을 말하지 못해도 알고 있는 지식으로 유추해 나가는 모습을 보이면 됐다. 세멜바이스 면접날에 컨디션이 좋아서 더 원활하게 답변할 수 있었다. 교수님께서 나를 좋아해 주시는 것 같았고, 생물에 관한 질문에서도 막힘없이 답변할 수 있었다. (화학은 좀 어려웠다.) 면접이 끝날 무렵에는 대답을 잘한다고 칭찬도 해주셨다. 느낌이 좋았다. 학원 선생님들께 너무 감사했고, 시험이 끝나서 후련했다.

시험 결과는 꽤 빨리 나왔다. 하루 정도 지나서 이메일이 왔다. 기다리는 동안 너무 걱정이 되었다. 그래서 같은 날에 시험 본 학원 오빠한테 이메일이 왔는지 물어보기도 했다. 그렇게 기다리던 중, 오빠한테 이메일이 왔다는 카톡을 받았다. 그래서 바로 이메일을 확인했는데, 합격이었다. 바로 엄마와 아빠에게 소리 지르고 학원 언니, 오빠들한테 전화했다. 그리고 할머니와 이모께도 연락했다. 상상만 했던 일이 현실이 되니 믿기지가 않았다. 너무 기뻤다.

다음날 바로 등록금을 내러 은행으로 갔다. 먼저 학교에 돈을 보내본 학원 오빠들에게 어떻게 하면 되는지 들었다. 그리고 엄마와 함께 은행에서 등록금을 보냈다. 이제 24학번 대학생이다!

헝가리 의대는 6년제이다. 유급률도 만만치 않게 높다고 들어서 입학했다고 마냥 즐거운 것만은 아니었다. 6년 동안 중간·기말 시험을 잘 보고 졸업까지 해야 의사가 될 수 있다는 생각은 나를 겸손하게 만든다. 나는 꼭 6년 안에 졸업해서 한국으로 돌아와 국가고시를 보고 의사가 되고 싶다. 그렇게 하기 위해서는 지금부터 8월 15일(출국일)까지 조금씩 공부를 해야 한다. 양이 어마어마하게 많다고 들은 해부학부터 조금씩 해놓을 생각이다.

교환학생을 마치고 한국으로 들어와 1년 동안 열심히 준비해 합격이라는 결과를 얻어 뿌듯하다. 쉬운 길이 아니겠지만 나는 잘 해낼 수 있다고 믿는다.

SEMMELWEIS UNIVERSITY
Center for Education of International Studies

Vice-Rector for International Studies:
Prof. Dr. ALÁN ALPÁR

LETTER OF ADMISSION

Application ID:
Name: **SeoYeon Bang**
Date and place of birth: **1/8/2006, Ansan-si, Gyeonggi-do, South Korea**
Address:
Citizenship: **South Korean**

Budapest, 25 April 2024

Dear Ms. SeoYeon Bang,

I am pleased to inform you that your application to Semmelweis University has been successful and you have been admitted to the program of **General Medicine (English)** of the **Faculty of Medicine** for the 2024/2025 academic year.

Semmelweis University is one of the largest and most prestigious universities of Central-Eastern Europe dedicated to the various aspects of medical and health sciences. As a prospective student, you will be able to enjoy all the benefits of studying at our university, as well as of living in one of the most beautiful and most exciting cities of Europe.

책을 쓰면서...

2022년 7월, 미국으로 출국하기 전 다돌 코치님과 만나면서 글을 쓰기 시작했다. 한국에서 총 3번의 만남을 가졌고, 『자퇴』, 『교환학생 선택 계기』 등에 대한 글을 썼다. 내 이야기를 간단히 끄적이는 식이었지만, 책을 쓰는 것은 처음이라 가식적인 느낌이 들었다. 담백하게 글을 쓰고 싶었다.

교환학생으로 출국하기 전부터 시작해 한국에 귀국하고 대학 입시 준비까지의 이야기를 담아 글을 마무리했다. 2년간 나의 책을 완성하기 위해 꾸준히 글을 쓰고 수정했다. 내가 겪은 새로운 경험들이기에 이곳에서 쌓은 추억들 하나하나가 소중하다. 글을 쓰는 것은 기억하지 못할 수 있는 나의 감정까지 기억나도록 해주었다. 단지 교환학생으로 가는 것만이 아니라 이렇게 글을 쓰고 책을 낼 수 있는 것이 감사하다.

2022년 8월 23일 성수동 헤이그라운드에서

감사의 말

책을 만드는 과정에서 많은 도움을 주신 최미숙 다돌 선생님 그리고 편집 디자인을 해주신 김대철님, 교정 교열을 해주신 홍은소님, 다돌출판사 가족께 모두 감사드립니다. 또한, 한국에 와서도 페이스북 메시지로 연락을 지속해주신 Gary와 Debbie에게 감사를 전하고 싶습니다.

"Gary and I so much enjoyed your stay with us. You brought joy, friendship, and love with you. Remember you are always welcome in our home. God bless you and your family. Reach for the stars, my friend. Love you."

끝까지 사랑을 주시고 좋은 말씀 해주셔서 감사하고 사랑합니다.
지구 반대편에서 건강과 행복을 위해 항상 기도하겠습니다.

2024년 8월 8일 초판1쇄 발행

지은이 | 방서연
사　진 | 방서연
펴낸곳 | 다돌출판사
펴낸이 | 최미숙

편집디자인| 김대철
교열교정 | 홍은소

주소 서울시 성동구 뚝섬로1나길 5 S-626
이메일 daebaksir@gmail.com

ISBN 979-11-983727-4-1

책값은 뒷표지에 있습니다.
잘못된 책은 구입한 곳에서 교환해 드립니다.

* 이 책은 저작권법에 의해 보호받고 있으므로 무단 복제 및 전재를 할 수 없으며, 이 책의 전부 또는 일부 내용을 사용하려면 저작권자의 사전 동의를 받아야 합니다.
- 방서연 -